重庆大学中央高校基本科研业务费专项(2018CDXYTY0038)资助

高校体育运动与健康促进研究

刘述芝　著

中国矿业大学出版社
·徐州·

内 容 提 要

全国大学生体质健康工作有了较大的发展，大学生的健康观念和体育锻炼意识得到了加强。然而大学生的体质健康状况却不容乐观，特别是耐力素质、力量素质和速度素质呈下降趋势，这一问题与缺乏体育锻炼和不健康的生活方式以及营养状况有关，同时也从一个侧面反映了在高校体育教学过程中，应该重视健康促进的重要作用。本研究旨在通过对高校体育运动与健康促进的研究，对我国高校体育运动的开展与大学生体质健康的发展提供一些理论参考。

本书可供相关专业的研究人员借鉴、参考，也可供广大教师教学和学生学习使用。

图书在版编目(CIP)数据

高校体育运动与健康促进研究/刘述芝著. —徐州：中国矿业大学出版社，2018.12

ISBN 978-7-5646-4014-9

Ⅰ. ①高… Ⅱ. ①刘… Ⅲ. ①体育运动—运动训练—研究—高等学校②健康教育—教学研究—高等学校 Ⅳ. ①G808.1②G807.4

中国版本图书馆CIP数据核字(2018)第127533号

书　　名 高校体育运动与健康促进研究
著　　者 刘述芝
责任编辑 何晓明
出版发行 中国矿业大学出版社有限责任公司
(江苏省徐州市解放南路　邮编221008)
营销热线 (0516)83884103　83885105
出版服务 (0516)83995789　83884920
网　　址 http://www.cumtp.com　**E-mail**:cumtpvip@cumtp.com
印　　刷 苏州市古得堡数码印刷有限公司
开　　本 787 mm×1092 mm　1/16　**印张** 10.5　**字数** 210千字
版次印次 2018年12月第1版　2018年12月第1次印刷
定　　价 42.00元

前　言

随着社会经济的发展和科学技术的进步，人们的物质文化生活水平有了很大的提高。然而现代生活与生产方式给人类的健康带来了极大的威胁与挑战。在这种社会背景下，人类更加关注自己的健康状况与生活质量，对终身体育的需求越来越强烈，而终身体育又要求学校体育与健康教育、生活教育相结合。因此，高校体育运动与健康促进问题的研究就显得尤为重要。

大学阶段是人生中绚丽多彩、值得一生回忆的重要阶段，也是进一步打好体质健康基础、养成良好生活习惯及锻炼健身习惯、掌握科学健身方法的重要时期。大学阶段养成良好的运动习惯及掌握的科学运动方法，将会使我们终身受益，让生活质量大大提高。

近年来，全国大学生体质健康工作有了较大的发展，大学生的健康观念和体育锻炼意识得到了加强。然而大学生的体质健康状况却不容乐观，特别是耐力素质、力量素质和速度素质呈下降趋势，这一问题与缺乏体育锻炼和不健康的生活方式以及营养状况有关，同时也从一个侧面反映了在高校体育教学过程中，应该重视健康促进的重要作用。本研究旨在通过对高校体育运动与健康促进的研究，对我国高校体育运动的开展与大学生体质健康的发展提供一些理论参考。

本书在写作过程中，尽可能地从实用性和科学性的角度进行研究分析，联系实际，精心构思，字里行间倾注了笔者满满的热情，由衷希望能够对广大学生的健康成长有所帮助。本书在写作过程中，参考、引用了相关研究成果及有关资料，在此对相关著作者表示衷心的感谢！

由于水平有限，书中难免存在疏漏与不妥之处，恳请广大读者不吝赐教。

著 者

2018 年 6 月

目 录

第一章　健康概论

第一节　有关健康的理论

健康是人类共同的愿望。东方人说："健康是个宝，一时离不了"，"损害健康就是盗窃自己的财物"；西方人说："如果说生命是'一'，那么财富、权势、地位、智慧、爱情以及你所能想到的一切，便是后面无限个零，无限的远景。"所以说，健康是任何东西都无法取代的个人珍宝。

一、健康的概念

健康的定义是随着人类对客观世界认识的不断深化而改变的。随着物质生活的发展、科学技术和医学的进步，人们对健康的认识也日益明确。由于受传统观念和世俗文化的影响，长期以来，人们多把"没有疾病"作为健康的标准，把健康单纯地理解为"无病、无残、无伤"，这都是不确切、不全面的。世界卫生组织(WHO)在1978年国际初级卫生保健大会上所发表的《阿拉木图宣言》中指出："健康不仅是疾病与体虚的匿迹，而且是身心健康、社会幸福的总体状态。"该宣言还指出："健康是基本人权，达到尽可能高的健康水平，是世界范围内一项重要的社会性目标。"由此可见，健康是人类的一项基本需求和权利，也是社会进步的重要标志和潜在动力。我们要树立正确的健康观念，就是要把健康问题看作是全社会、全民族的事业，看作是人类生存和发展的基本要素。社会各个部门都要把自己的工作和人民的健康联系起来，努力维护和增进人民的健康，促进社会的发展。每个社会成员不仅要对自己的健康承担责任，而且要对他人的健康乃至社会的健康承担责任。

"无疾病"的健康观是单纯的生物学的健康观，它机械地将健康与疾病视为因果关系。其实人体可能潜伏着病理性缺陷或功能不全，但表面上看却是"健康"的，只有出现症状和体征时才被认为是生病。事实上，有些疾病的出现，临床表现已是病入膏肓了，如肝癌、肺癌等。

健康是一个综合概念，在不同的历史发展阶段，人类对健康的认识随着生产、生活和社会结构的变化而变化。在古代，人们认为生命是神灵所赐，患病是神灵的惩罚，保护健康和治疗疾病主要依赖于求神问药。古代人相信“健康神”，认为健康是由眼睛看不到的神的力量所支配。随着生产力的发展，人们对健康有了进一步的认识。古希腊医学家希波克拉底认为，人体存在血液、黏液、黑胆、黄胆 4 种体液。如果 4 种体液配合正常，人就健康，如果配合不当，人就生病。到了 16 世纪中叶，自然科学有了明显的进步，许多生物学家、医学家研究了人体结构和生命现象，如英国 17 世纪著名的生理学家威廉·哈维研究发现了血液循环，德国 19 世纪著名的病理学家魏尔肖发表了细胞病理学说，等等。这些研究成果给生理学、医学和体育科学带来了划时代的影响，使人类有可能从生物学的观点来进一步认识健康和疾病。这一时期的科学家认为，健康就是指人的生理机能在完善的情况下，体内所有器官和系统协调地相互配合并发挥作用，使人得以积极从事对社会有益的劳动。然而，这一认识仅重视生物理化因素和躯体疾患，将人体结构和功能的完好程度作为衡量健康的唯一标准，忽视了非生物因素的重要作用。18、19 世纪，由于发生了工业革命，人口集中于城市，公共卫生事业活跃，流行病不断蔓延，促使人们开始从社会学角度来认识健康。越来越多的研究表明，人的健康不仅受生物因素的影响，而且也受社会、心理因素和个人生活方式的制约。进入 20 世纪，高度发展的信息社会改变了人们的生活方式，人们开始重视环境对健康的影响，科学家们明确指出：“健康是生态条件的函数。”

健康绝不是大自然所赐予的一劳永逸的财富。健康是在人从降生到“完全成熟”过程中逐步形成的。科学已令人信服地证明：健康的保证不仅靠继承、靠遗传，而且靠社会条件。专家们一致认为，保持健康的最好手段是体育锻炼。

健康作为现在评价一个国家综合国力的重要指标，已经成为一项国际性目标。达到尽可能高的健康水平和实现健康公平，已经成为全球范围的共识和努力的目标，在联合国提出的千年发展目标（MDGs）中，降低儿童死亡率、改善产妇保健及与艾滋病毒、疟疾和其他疾病作斗争等三项目标与健康直接相关，而其他五项目标如消除极端贫困与饥饿、普及小学教育等也与健康密切相关，显示了健康作为全人类最基本、最重要资源的价值和意义。

健康并不是一个绝对的概念，而是一个动态的、连续的过程。健康与疾病两者之间并不是如身体不适那样简单，也包含了心理上的疾病，所以，对于健康真正的含义需要进一步从多个层面上进行解释（表 1-1）。

表 1-1 健康的内涵

	没有疾病	没有虚弱	表现出积极的健康
躯体	长寿、没有躯体疾病，健康风险低，不健康生活方式少	没有躯体症状，没有躯体健康失能	健康状况完好，保持促进健康的生活方式
心理	没有心理疾病	没有心理痛苦，没有心理失能	自尊、达观，有心理适应能力
社会	没有社会/家庭解体	没有社会/家庭摩擦	能发挥社会功能，得到社会支持，有归属感

二、亚健康

亚健康是介于健康与疾病之间的一种状态，又叫"第三状态"或"灰色状态"，是指机体在内外环境不良刺激下引起心理、生理发生异常变化，但尚未达到明显病理性反应的程度。从生理学角度来讲，就是人体各器官功能稳定性失调尚未引起器质性损伤，医学检查所得各项生理、生化指标均无明显异常，医学无法做出明确诊断。在临床上，常被认为是疲劳性综合征、内分泌失调、神经衰弱、更年期综合征等。其在心理上的具体表现是精神不振、情绪低沉、反应迟钝、失眠多梦、白天困倦、注意力不集中、记忆力减退、烦躁、焦虑、易惊等。在生理上则表现为疲劳、乏力，活动时气短、出汗、腰酸腿疼等。此外，还有可能出现心血管系统变化，如心悸、心律不齐等。此种状态如能及时得到调控，可恢复健康状态，否则会导致各种疾病的发生。

据国内外专家、学者研究表明，现代社会完全符合健康标准的人大约只有15%，属于有疾病在身的人大约有15%，其余近70%的人都处于不同程度的亚健康状态。

导致亚健康的因素有：

(1) 饮食不合理。当机体摄入热量过多或营养贫乏时，都可导致机体失调。过量吸烟、酗酒、睡眠不足、缺少运动、情绪低落、心理障碍以及大气污染、长期接触有毒物品，也可出现这种状态。

(2) 休息不足，特别是睡眠不足。起居无规律、作息不正常已经成为当今社会人们的常见状态。对于青少年，由于影视、网络、游戏、跳舞、打牌、麻将等娱乐，以及备考"开夜车"等，常打乱生活规律。成人有时候也会因为娱乐(如打牌、打麻将)、看护病人而影响到休息。

(3) 过度紧张，压力太大。

(4) 长久的不良情绪影响。

第二节 健康的基本标准

一、健康的价值

在世界卫生组织的推动下，健康的新概念在全球得到了传播，并日益被人们所接受。与此同时，世界还公认健康是社会进步的一个重要标志和潜在动力。促进健康不仅是卫生部门的责任，也是教育部门的责任，并且还是全社会的责任。个体不但要对自己的健康负责，而且要在促进他人和全社会的健康方面承担义务。这就要求人们应重视健康的价值，具有增进健康的强烈意识，树立“人人为健康、健康为人人”的正确观念。

（一）健康既是学校教育的前提，又是学校教育的首要目标

马克思曾把健康作为人的第一权利，作为一切人类生存的第一个前提，也就是作为一切历史的第一前提。可以想象，经常因病缺课、因情绪障碍而滋生事端，或因营养不良而长期精神倦怠的学生，即使采用最好的教学方法，他们也无法高效率地学习。只有健康的学生才能在学校获得理想的学习效果，而学校教育在人生教育中起主导作用，学校可以有计划有目的地安排好各项教育活动。我国的教育方针是使受教育者在德育、智育、体育三方面得到全面的发展。三者各有特定的含义和任务，是互相联系、相辅相成的统一体。其中，体育就包含着提高学生健康的教育作用。

（二）健康是人们奉献社会和享有生活的基础和前提条件

生命的意义在于奉献。只有拥有健康，才能优化自己在社会生活中的地位和作用，才能使自我价值最大限度地体现出来，从而奉献社会。一个身体健康、精神饱满、具有良好社会适应能力的人，必定享有高质量的生活；反之，如果没有健康的身体和健康的心理，就无法享有生活，享有幸福。

（三）健康是社会发展的基本标志和潜在动力

健康不仅仅是个人的事，它受多种社会因素的制约，如社会制度、经济状况、文化教育等。在一个社会安定团结、人民安居乐业、经济快速发展，以及文化教育先进的社会环境中，人们的健康水平无疑会极大地提高。因此，健康是社会发展的基本标志。在充满竞争与挑战的现代社会中，拥有大批的高素质人才是一个国家可持续发展的优势。所谓高素质人才，就是德、智、体全面发展的合格人才。健康的体质是思想道德素质和科学文化素质的物质基础，是高素质人才成才的物质基础。拥有健康的、高素质的国民和专门人才是社会发展的潜在动力。

（四）人民健康是社会发展目标中的基本目标

《阿拉木图宣言》中指出："健康是基本人权，达到尽可能高的健康水平，是世界范围内一项重要的社会性目标。"1988 年，世界卫生组织总干事马勒博士一针见血地指出："必须让人们认识到，健康并不代表一切，但失去健康，便丧失了一切。"我们要树立正确的健康观念，就是要把健康看成是人类的一项基本需求和权利，看成全社会、全民族的事业。从这一角度来讲，人们的健康就成了社会发展目标中的基本目标。

二、健康基本标准

世界卫生组织提出了人类新的健康标准。这一标准包括机体和精神健康两部分，具体可用"五快"（机体健康）和"三良好"（精神健康）来衡量。

（一）"五快"

（1）吃得快：进餐时，有良好的食欲，不挑剔食物，并能很快吃完一顿饭。

（2）便得快：一旦有便意，能很快排泄完大小便，而且感觉良好。

（3）睡得快：有睡意，上床后能很快入睡，且睡得好，醒后头脑清醒、精神饱满。

（4）说得快：思维敏捷，口齿伶俐。

（5）走得快：行走自如，步履轻盈。

（二）"三良好"

（1）良好的个性人格：情绪稳定，性格温和；意志坚强，感情丰富；胸怀坦荡，豁达乐观。

（2）良好的处世能力：观察问题客观、现实，具有较好自控能力，能适应复杂的社会环境。

（3）良好的人际关系：助人为乐，与人为善，对人际关系充满热情。

第三节　影响健康的因素

全球范围内，通常用人均期望寿命、婴儿死亡率、孕产妇死亡率、患病率、伤残调整生命年（DALY）等指标反映一个国家或地区人口的健康状况。不同国家、一个国家内的不同地区上述健康指标的差异明显。世界银行的数据表明，2004 年高收入国家的人均期望寿命接近 80 岁，东亚及太平洋地区国家人均期望寿命约为 70 岁，而撒哈拉以南的非洲国家的人均期望寿命不足 50 岁。2001 年中低收入国家非传染性疾病死亡占死因的 54%，其他包括下呼吸道感染、儿童肺炎、HIV/AIDS、新生儿死亡、结核病、腹泻、疟疾以及道路交通意外；而高收入国家非传染性疾病死亡占死因的87%，其他原因包括了呼吸道感染、老人肺炎、结直肠癌、糖尿病、乳腺癌等。分析这些健康差异是如何造成的，受到了哪些因素的影响，必将有助于制定更为有效的改善健康的策略，从而全面推进人类健康。

一、遗传与生物学因素

这一组因素与个体的遗传基因、胎儿期的生长发育状况等有关，如基因特点、性别、年龄等。遗传与生物学因素对健康的影响除了表现在典型的遗传疾病外，还表现为现已查明的一些慢性非传染性疾病，如高血压、糖尿病、乳腺癌等的家族遗传性，而发育畸形、寿命长短也不排除有遗传方面的原因。再如，由于男性与女性生物学特点的差异，致使女性增加了与生育相关的健康风险以及女性生殖系统肿瘤的风险。同理，儿童阶段腹泻的发病率高于成人，老年人群心脏病的风险明显高于年轻人。

此外，20世纪初人类已经开始逐步发现的引起传染病和感染性疾病的各类病原微生物，也可以归为生物性致病因素。当然，随着科学技术的发展与进步，人们也在不断探索和利用遗传与生物因素的特点进行疾病的预防和控制，如疫苗的研制与使用等。

二、行为与生活方式因素

行为与生活方式因对个人或集体健康都有着或多或少的影响。一些行为与发病、死亡、失能密切相关，而这些不利于健康的行为和生活方式涉及范围十分广泛，如性乱、吸毒、驾车不系安全带等。美国2000年心脏病占总死因的30%、癌症占总死因的23%、中风占7%、意外伤害占4%、糖尿病占3%。其中，吸烟、高脂低纤维膳食、久坐生活方式、肥胖、饮酒等不良行为及生活方式则构成了上述死因的主要危险因素。以美国为例，进入20世纪70年代以后，由于死亡率在先进医疗技术作用下仍不能持续下降，科学家总结死因后更加说明了行为和生活方式对于人们生活健康的重要性。欧洲一些国家运用教育与政策引导等策略改变国民不健康生活方式，在降低慢性病发病率方面也有建树，如芬兰北卡地区于1972年开始，便在全区实施从改变不健康生活方式入手的全方位干预计划，经过15年的努力，取得明显成绩，使当时的总吸烟率从52%下降到了35%。

事实上，行为与生活方式同健康的关系不仅仅表现在作为慢性非传染性疾病的危险因素，同时也与感染性疾病的预防与控制、卫生服务的利用与疾病治疗密切相关。如个人卫生习惯及行为与生殖道感染、腹泻、HIV感染相关，而及时就诊、遵从医嘱等行为又影响到疾病的早期发现、及时合理治疗。可见,行为与生活方式对健康的影响具有重要的意义。

三、自然环境因素

自然环境指的是人们生活的物质环境,也是人类赖以生存的物质基础,与人们的生活、工作息息相关,如食物、水、空气等。人们对于室外环境对健康影响的认识较多,如大气污染、基本卫生设施缺乏、没有安全饮用水等对健康造成的危害。近年来,人们也越来越多地重视室内环境对健康的影响。此外,职业环境还大量存在着不安全的环境因素,如粉尘、有害化学物质等,当工作环境和防护措施缺位时,极大地增加了人们特别是低收入流动人口对于职业伤害的风险。从更为广泛的视角看,全球生态环境的变化正在带来直接和间接的健康效应,如气候变化引起的光化学污染物和空气过敏原的暴露增加了对呼吸系统的影响,虫媒传染病范围和活动性的变化及土地退化造成的食品安全问题等。

四、社会环境因素

社会环境的内涵丰富,包括了社会经济、政策、教育、人们所处的社会阶层、民族、文化、社会性别准则等,如国家间和一个国家内部高收入者与低收入者健康状况差异较为明显,然而这种差异性会对人们在卫生保健方面有所影响,从而影响健康;受教育程度高的人更容易采纳有益于健康的行为及生活方式,如较少吸烟、较少超重、更积极有效地利用卫生保健服务等。

家庭成员、朋友、同事、社区成员等构成了一个社会网络,来自社会网络的物质帮助和心理支持对人们的健康也有重要影响,有较强社会网络和社会支持的人健康状况更好,反之则不然。此外,社会文化因素会影响人群对健康与疾病的认识及态度,也会影响到诸如饮食习惯等行为因素,进而影响到健康。

五、卫生服务因素

所谓卫生服务,主要是指卫生机构和人员采取各种方式或手段,面向群体或个人提供的防治疾病、增加健康的服务过程。低下的卫生服务能力、缺乏医疗卫生保障及昂贵的医疗费用会极大阻碍人们对卫生服务的可及性与利用,可能会导致广泛的健康损害。为此,需要建立健全各级卫生保健服务体系、医疗卫生保障体系,提供以人为本的高质量的医疗卫生服务,确保适宜的卫生服务价格,才能有效担负起卫生服务体系对健康的责任,促进人群的健康。

六、生物因素

在生物因素中，最影响人类健康的是遗传因素和心理因素。现代医学发现，遗传病不仅有两三千种之多，而且发病率高达20%。因此，重视遗传对健康的影响具有特殊意义。心理因素对疾病的产生、防治有密切关系，消极心理因素能引起许多疾病，积极的心理状态是保持和增进健康的必要条件。医学临床实践和科学研究证明，消极情绪如焦虑、怨恨、悲伤、恐惧、愤怒等可以使人体各系统机能失调，可以导致失眠、心动过速、血压升高、食欲减退等疾病；而积极的、乐观的、向上的情绪却能经得起胜利和失败的考验。总之，心理状态是社会环境与生活环境的反映，是影响健康的重要因素。

第二章　健康促进的基本理论

第一节　健康促进概述

一、健康促进的含义

随着健康教育理念在世界范围的推广，大量的健康教育实践经验表明，行为的改变是长期而复杂的过程，单纯的教育手段只能作用于人们的认知、技能的提高，进而促使行为及生活方式发生改变，很多时候环境条件的制约、政策的缺乏可能阻碍人们采纳健康行为意愿的实现进程。例如，当人们打算做到饭前便后洗手时，水资源的缺乏可能造成无法实现洗手行为的实施；当人们出现健康问题打算就诊时，可能由于缺乏必要的医疗保障政策和制度而担负不起高昂的医疗费用，致使人们放弃求医行为；当人们希望使自己避免"二手烟"的危害时，可能由于缺乏必要的政策依据而无法保护自己。正如我们所知，内因是事物发展变化的依据，外因是事物发展变化的条件，二者缺一不可。

20 世纪 20 年代，"健康促进"一词就已经出现，之后便受到了高度的重视。健康促进是一种干预政策，利用社会、经济及政治的力量，不断地改善人群的健康活动的过程。从狭义的角度讲，健康促进强调了在改变个人和群体行为过程中环境、政策支持的重要意义；从广义角度讲，环境、政策等对健康的贡献不仅表现为促进健康行为及生活方式的形成，还会表现在环境条件改善本身对健康的贡献以及政治承诺、促进健康的政策对健康的直接影响。

二、健康促进的五个活动领域

1986 年 11 月 21 日，首届国际健康促进大会通过的《渥太华宣言》对于健康促进发展具有里程碑的意义，不仅奠定了现代健康促进的概念和理论，明确了健康促进是实现《阿拉木图宣言》提出的初级卫生保健目标的重要策略，确立了健康促进的核心功能地位，也说明了健康促进的主要活动领域。从健康的影响因素分析不难理解，解决健康问题，减轻和消除危险因素，实现预防疾病、增进健康的共同目标，已经远远超出了卫生领域的职能和涉及的范畴。因此，健康促进需要政府担负起健康责任、做出政治承诺，需要各有关部门、社会团体、民众共同参与。《渥太华宣言》指出的下述健康促进的五个活动领域也需要动员全社会力量去践行。

（一）制定促进健康的公共政策

政策对于健康、健康行为的影响至关重要，各个部门、各级政府和组织的决策者都要把健康问题提到议事日程上，以了解他们的决策对健康后果的影响并承担责任，特别是非卫生部门（如工业、农业、教育、财政等）在决策中能预先评估政策可能对健康产生的影响，进而使本部门制定的公共政策能对健康产生积极的促进作用。

（二）创造支持性环境

生产、生活环境乃至生态环境与人类生存和健康息息相关，保护自然环境与资源，创造安全、舒适、愉快和健康的生活和工作环境，也是健康促进的重要活动领域，该领域的工作内容包括评估环境对健康以及健康相关行为的影响，通过政策倡导和有针对性的环境策略为行为改变提供支持性环境，合理开发利用自然资源等。

（三）加强社区的行动

社区的特点是有一定的组织形式、资源，有一定规模、特点相近的人群，有共同的生产、生活环境和政策，因此，社区能力的提升与参与行动，是健康促进的重要活动领域。加强社区行动首先要赋权，激发社区领导、居民的主人翁意识，分析发现社区的健康问题，确定社区的健康目标；然后提出解决问题的办法，并充分发动社区力量，积极性地制订社区保健计划，实现社区健康发展的目标。

（四）发展个人技能

个人技能是多方面的，包括基本的健康知识、疾病预防与自我保护技能、自我与家庭健康管理能力、保护环境与节约资源的意识，以及维护公共健康与安全的意识和能力等。除了要鼓励个体不断学习卫生知识、培养良好的生活习惯、解决种种健康问题外，学校、家庭、工作单位等功能社区和居民社区都有责任帮助人们发展个人技能，从个体和群体水平预防疾病、增进健康。

（五）调整卫生服务方向

长期以来，世界范围内都将临床医疗作为卫生服务的主体，疑难及重症疾病的治疗占据了大量的卫生资源，而人们的卫生需求却是以预防保健、基本医疗服务为主，形成了卫生投入及资源配置与人群卫生服务需求之间的不对等。调整卫生服务方向意味着需要转变观念，真正体现预防为主的思想，将健康促进和预防作为提供卫生服务模式的组成部分，逐步使卫生投入和资源配置与人群的卫生需求更好地统一起来，以适应广大群众日益增长的公共卫生服务需求，让最广大的人群公平受益。

三、健康促进的基本策略

（一）倡导

主要强调的是针对政策决策者运用倡导的策略，促进有利于健康的公共政策的制定和出台。此外，倡导的策略还可用于说服和动员多部门关注健康，激发各部门和人群参与的积极性，共同创造促进健康的社会氛围与环境。

（二）赋权

提高社区人群的健康意识，使他们掌握科学、正确的健康促进方式的同时，不断地赋予个人健康促进的潜能，最终增强个人、家庭及社区三者间健康促进的责任意识，并付诸实践。

（三）社会动员

所谓社会动员，其对象自然是包括社会各领域的个人或集体。远大的目标是社会动员成功的基础，而各领域的利益也是打动集体的关键，利益和目标能够使健康促进进一步发展。

四、健康促进的产出

健康促进是一个全社会动员和参与的系统工程，最终目的是提高全人类的健康水平和生活质量。由于其活动领域的广泛性和实现目标的递进性，决定了健康促进的产出是多方面和多层次的(表 2-1)。

表 2-1　健康促进的产出模式

<table>
<tr><td>健康与社会</td><td colspan="2">社会产出：提高生活质量、公平性</td></tr>
<tr><td>产出</td><td colspan="2">健康产出：发病率/伤残率下降，减少可以避免的死亡</td></tr>
<tr><td>健康结局的中间产出</td><td>健康的行为与生活方式：不吸烟/戒烟、运动、合理膳食等</td><td>有效卫生服务：预防保健服务、临床医疗服务，提高服务的可及性；
健康环境：安全的生产/生活环境、食品供应基本设施与条件的完善等</td></tr>
</table>

表 2-1(续)

健康促进产出	健康素养:知识、态度、动机、行为意向、个人技能等	社会活动:社区参与、社区赋权、社会规范、公众舆论等	组织与政策:法律法规政策、资源配置、组织保障等
健康促进活动	教育:利用各类场所开展健康教育活动	社会动员:政府与政治力量、各部门、社会团体、技术机构、非政府组织等	倡导:游说、表达政治主张、克服官僚主义等

注:引自《世界卫生组织西太区健康促进区域性框架(2002—2005)》,2002。

五、健康促进的社会作用

(一) 卫生保健事业发展的必然趋势

当今世界政治、经济、科学技术快速发展,推动人类社会不断进步,医疗卫生事业发生了深刻变化,健康问题面临着疾病谱、死亡谱发生了根本性变化,行为和生活方式、社会因素等对健康的影响起着重要作用,全球化影响的趋势在增加,疾病的预防和控制需要国际、国内社会各方面的积极配合与参与。

(二) 一项低投入、高产出、高效益的保健措施

健康教育引导人们树立良好的行为和生活方式,来追求健康的目标,是低成本、高效益的保健措施;健康促进尽管在促进环境的改变中需要一定的资源保证,但它的投入与其对健康的长期效用和高昂的医疗费用相比是值得的。

(三) 提高和实现人人自我保健意识的重要举措

健康教育与健康促进会使人们的自我保健意识有不同程度的提高。

六、健康促进的社会任务

(1) 积极主动争取和有效促进领导层、决策层转变观念。

(2) 积极促进医疗卫生事业部门转变服务观念和职能。

(3) 促成并逐步确立有利于健康的外部环境。

(4) 促进个人、家庭和社区对预防疾病、促进健康、提高生活质量的责任感。

(5) 在全民中深入开展健康教育,使其树立文明、健康、科学的生活方式。

七、健康促进的工作环节

健康促进是公共卫生领域的基本工作模式之一,世界各地的调查研究均提

出了令人信服的证据，证明了健康促进是有效的。健康促进的策略能促进健康行为，并决定健康的社会、经济和环境状况，是实现人人平等享受健康的有效手段。实施健康促进由以下五个环节组成。

（一）政策和组织

要想使健康促进真正得到实施，正确的政策是先导。积极争取各级领导对健康促进的支持，激发各个部门、各个组织对健康问题予以高度关注，协调制定有关政策，保证提供有关的资源，形成一个良好而稳定的、能实施健康促进工程的政治、经济、文化、教育、人际关系环境。同时，为了保证健康促进工作有序地进行，还应有一个配置合理、职责明确、协调有方的组织管理系统，成立由多方参与的各级健康促进委员会，争取通过立法程序，把健康促进纳入社区的工作议程中，并列入考核指标。

（二）人员动员与参与

联合国儿童基金会制定了“社会动员”的纲领，它与健康促进是不可分割的一个整体。纲领提出，要采取一系列综合的、高效的策略，动员社会和群众参与健康促进。社区动员是健康促进的主要策略，应对社区、组织、家庭、个人、健康促进专业人员以及卫生工作人员进行动员，促使大家参与。加强健康促进的能力建设，健康教育是最佳的途径。

（三）监测

对不同场所各种影响健康的危险因素以及可能造成的危害所采取的干预措施予以监督，为在健康促进工作中确定方向、制定目标和工作策略、评价干预结果提供依据。

（四）干预

干预环节是五个环节中的核心。在社区、学校、企事业单位、医疗卫生机构所有的场所，对各种影响健康的危害因素，如吸烟、酗酒、高血压、肥胖、心理障碍、环境污染等，采取制定政策、治理环境、宣传教育、卫生服务、发展个人技能等措施，从而促进人们的健康行为，建立健康的生活方式。

（五）评价

评价环节真实地说明干预的结果。主要评价在实施各项干预措施中执行的情况，以及干预产生的效果和价值，为不断总结和改进健康促进工作积累经验，提供借鉴。

八、健康促进的工作过程

（一）需求评估

确定社区存在的健康问题，确定存在健康问题的重点人群及危险因素，确定危险因素在人群中的分布情况，取得社区对健康促进工作项目的承诺。

（二）项目计划

确定目标人群及他们对优先健康问题的知、信、行现状，向目标人群传播基本信息和重要的可变行为、项目计划的总目标与具体目标、策略和活动，制订监测和效果评价计划。

（三）资源动员

确定实施项目所需要的一切社区资源，并努力发现和动员社区内外可利用的资源。

（四）实施项目

明确实施项目，并对项目进行预试。实施社区和组织的能力建设，进行专业人员、基层卫生人员、志愿人员的培训，进行社区人群健康意识与技能的宣传和教育。

（五）过程评价

监测计划执行的质量、策略和活动的即时效应，改进计划的策略和活动。

（六）效果评价

评价目标达到的程度、原因和问题，提出改进项目计划的建议。

（七）报告结果

确定报告的对象、内容和形式，报告结果，推广经验。

第二节　高校健康教育与健康促进的意义

一、健康教育的内涵

在过去的50年中，随着人们对行为及生活方式与健康关系认识的不断加深，相关领域的学者都在探讨如何有效地改变人们的行为及生活方式以增进健康。早期的研究大多以心理行为学理论为依据研究人们的健康相关行为的形成与改变，比较侧重于从个体层面探索健康相关行为形成和改变的原因，进而强调知识、理念、态度、能力等个体因素在行为改变中的作用。正如我们所知，教育对于增加健康知识、树立健康观念、提升个体采纳健康行为的能力发挥着重要作用，并且教育更注重使“受教育对象”产生内化的过程。因此，在此基础上提出的健康教育的概念突出了教育对于改变行为的价值以及个体在改变行为方面的自愿性。健康教育是通过利用信息传播或行为干预的方式，帮助群体或个人争取的掌握卫生方面的知识、树立科学的健康理念及主动实践健康的生活方式的活动过程。健康促进的主要目的是最大限度地降低危险因素，预防疾病的发生，真正落实健康到人们的生活。

促进个人或群体拥有积极健康的生活方式是健康教育的核心思想，同时认为要实现改变行为的目标，首先要掌握更多卫生保健知识，建立起追求健康的理念和以健康为中心的价值观，在获得信息、提升认识的前提下再由个体决策行为改变与否。此外，这个概念还突出了信息传播和行为干预等针对个体的教育方法是健康教育的主体手段。

随着对健康相关行为理论的丰富和发展，现代健康教育越来越重视科学管理思想的体现和循证决策的过程，即基于对特定个体、群体健康相关行为的分析，确定有针对性的健康教育内容与方法，并且有计划、有步骤地实施干预活动，然后评估、干预活动的效果。因此，健康教育这种教育过程，是有计划、有组织、有系统的活动过程，其干预活动大多数情况下是一个组合设计，而不是零散的活动；同时，健康教育又是有评价的教育活动，通过评价能够确定有效的干预方法与措施，总结经验，提升健康教育人员的能力。

二、健康教育与健康促进的关系

了解了健康教育和健康促进的内涵，可以进一步了解健康教育和健康促进两者之间的关系。

（一）健康教育是健康促进的组成内容之一

健康教育是健康促进的核心，健康教育侧重于影响那些有改变自身行为愿望的人群；而健康促进则是将政策与环境的支持和个体与社会的参与融为一体，它包括了健康教育的内涵，健康促进中所采取的一切措施如果不与健康教育相结合，将一事无成。

（二）健康促进产生于健康教育

健康教育虽然是改变行为的一种重要形式，但我们应客观地看到，在健康教育的过程中，没有政策、制度、经济、环境等社会的支持，那就难以发挥全部的潜力，于是就萌发了健康促进。

（三）健康教育是实践健康促进的原动力

健康教育向人群阐明了健康的含义、健康与疾病的关系、改变健康危害行为的意义和健康促进在社会改变中的重要作用，只有当人们领悟了这番道理，才能促使健康促进的成功，否则，健康促进将成为虚有其名的概念。

（四）健康促进是健康教育取得成功的保证

健康教育的目的是通过教育使人群自愿采取有益于健康的行为，激发领导层为关心全人类的健康以及提高全社会的健康水平做出努力；健康促进能推进健康决策、经济活动、社区工作和其他各种环境，成为行为转化的有力支持，从而增进健康和提高生活质量。

（五）健康教育和健康促进是不可分割的统一体

健康促进是为实现人人享受卫生保健而采取的行为目标，而健康教育则是实现这一目标的策略，两者是不可分割的统一体。健康教育必须把重点落实在健康促进上。

三、健康教育与健康促进的意义

（一）健康教育与健康促进是维护和增进健康的客观需要

人类维护与增进自身健康、与疾病作斗争的漫长历史进程，也是一个不断发现影响健康的因素并采取积极对策的过程。行为及生活方式作为影响健康的重要因素日益得到重视，这不仅因为疾病谱的改变，使得与行为及生活方式关系密切的慢性非传染性疾病成为主要死亡原因和疾病负担的主要来源，也与对个体健康责任的日益明晰有关。明确个人应该承担对自身健康的责任，意味着人们需要有积极获取健康知识、信息、技能的意愿和行动，需要主动利用卫生服务，并能遵从医嘱、配合治疗与康复，而不是将健康的责任简单地归咎于卫生服务的提供。

此外，对健康的社会决定因素的认识和思考，也从更广泛的视角追逐问题的根源，以期从根本上减少和消除由于经济、文化、社会阶层、社会性别等造成的健康不公平，而这也提出了在维护和增进健康的过程中对政治承诺、政策与财政支持、多部门合作等的需要，即对健康促进的需要。

（二）健康教育与健康促进是“预防为主”思想的集中体现

中华人民共和国成立以来，我国一直延续“预防为主”的卫生方针政策，强调采取“三级预防”的策略来预防疾病、减少疾病的危害，以期提高生活质量。其中，一级预防表现为采取积极有效的措施进行病因预防，如帮助人们建立健康的行为及生活方式，有效地利用免疫接种等预防保健服务，提供安全的食品和饮用水等；二级预防体现在早发现、早诊断、早治疗，预防疾病的发展，促进疾病的治愈，这就需要人们能做到定期体检，在察觉有疾病征兆时及时就诊，合理利用卫生服务；三级预防指的是及时有效的治疗与康复，预防并发症和伤残，恢复社会生活和劳动能力，提高生命质量。

健康教育与健康促进的核心是改变不利于健康的行为及生活方式，并从政策、环境等方面为健康行为的实施以及健康提供支持。可见，这是对“预防为主”的最好诠释。

（三）健康教育与健康促进能最大限度地促进健康公平

健康的公平性不仅表现在健康的最终结局方面，更重要的是表现在人们能够公平地获得公共卫生服务、临床治疗服务，能公平地享受与健康相关政策的保障，享有平等的环境支持，平等地拥有达到最佳健康状况的机会。

健康教育与健康促进是公共卫生服务的重要组成部分，作为以健康为中心的全民健康信息传播、政策与环境支持，涉及整个人群的健康和生活的各个层面，而非仅限于某一部分人群和针对某一疾病的危险因素。在学校、医疗卫生机构、工作场所、社区等场所开展健康教育与健康促进，最大限度地保障了健康教育与健康促进对最广泛民众的覆盖，是促进健康公平性的基础，也是健康公平性的重要组成部分。

四、健康促进对大学生的意义

（一）健康促进与大学生基础保健

学校健康促进是实现全民基础保健的有效途径。根据我国“科教兴国”的国策，推行九年制义务教育，进学校求学将成为人人必经的阶段，在校大学生的比例大幅度增加。此外，大学生的生活和环境会更加深入地影响他们的意识，健康促进能够使他们更具自我约束的意识，较易改正不良习惯，形成良好的行为习惯和生活方式，并影响大学生未来的道路方向。因此，做好高校健康促进，是促进和实现大学生基础保健、提高学生群体素质的有效途径。

（二）健康促进与社会和谐

学校健康促进是影响家庭、社会和整个人群的治本措施。大学生是即将步入社会的成年人，与家庭和社会有着紧密而广泛的联系。大学生在高校内部受到学校健康教育和健康促进的影响，认识和了解的卫生知识、价值观和行为技能。

（三）健康促进与经济效益

在学校大学生健康促进可获得较大的经济效益。国外学者通过分析认为，在学校进行高质量多元化的健康教育可获得较大的经济效益，健康教育每投入1美元，社会将省下13～14美元。有些节约来自直接的花费，如可预防疾病的医疗处理，青年人多见的吸毒咨询与酒精相关的交通事故和药物相关的犯罪；另有一些是可间接降低的成本，如大学生死亡和意外妊娠有关的福利开支而引起的生产力下降。

第三节 国内外健康教育与健康促进发展概况

一、我国健康教育与健康促进发展概况

（一）我国健康教育与健康促进的发展

我国最早的健康教育专业机构可以追溯到1931年，当时设立了卫生实验处，内设卫生教育系。1931—1934年，中央大学教育学院和国立江苏医学院培养了92名四年制和二年制健康教育学士和专业人员，成为中国早期健康教育的骨干力量。中华人民共和国成立后，全国各地兴建了卫生宣传机构（卫生宣教所/馆），培养和组建了近千名工作人员的专业队伍。改革开放后，中国的健康教育事业得以恢复和发展。1984年成立了中国健康教育协会，1986年成立了中国健康教育研究所（后更名为中国健康教育中心），各省市的健康教育所也得到迅速发展。1988年，中国出版了第一部由贾伟廉主编的《健康教育学》，同年《中国健康教育》专业性学术杂志创刊。20世纪80年代后期，不少省、市派出了健康教育专业人员赴国外访问，开展学术交流，开阔视野，吸取国外健康教育的新经验、新成果。20世纪80年代，一系列健康教育重大事件的发生也标志着中国迈入了现代健康教育时代。

在健康教育实践方面，早在20世纪30年代，中国的健康教育先驱陈志潜先生在河北省定县创办了第一个农村实验区，开展了大量健康教育工作并创立了一套卫生保健新模式。定县的经验影响深远，开创了中国农村社区健康教育的先河。20世纪五六十年代，我国健康教育工作主要是依托“爱国卫生运动”而开展的卫生宣传；从80年代后期到90年代，一系列的健康教育国际合作项目进入中国，使中国的健康教育实践得到了进一步的发展。

到了21世纪，我国健康教育与健康促进两者在概念和实践上相互接触，两者共同成了重大公共问题的重要应对决策。目前，烟草控制、艾滋病防治、结核病防治、慢性病（高血压）防治、妇幼健康等诸多工作领域都已纳入健康教育与健康促进活动，并初步建立了相应的考核指标。此外，在学校、工矿企业、医院、社

区等开展健康教育与健康促进活动的场所，已经开展了创建“健康促进学校”“健康促进医院”“健康城市”的综合项目。

（二）高校体育与健康教育课程的构建

1. 课程体系、教学内容和教材向科学化、生活化调整

根据各高校的专业特色，以终身教育为主线，以终身受益为出发点，真正体现健康意识的培养、体育能力的提高、体育习惯的养成。为此，我们认为体育课程教材体系构建应体现出健康性、健身性与文化性相结合，实践性与知识性相结合，统一性与灵活性相结合的鲜明特征和“乐、新、恒”的要求。

（1）体育课程的设置形式

课程门类的具体设置要“厚基础、重实践”，最大限度地实现课程综合化。根据时代发展及学生的需要，体育课程设置形式为：改现在的一年级普修课、二年级专项课，为一、二年级主、副项制选项课形式（必修），三、四年级为公选课（选修），以选修课的新颖性来培养学生体育兴趣和技能。一、二年级第1～4学期共126学时，计4学分或8学分为必修；三、四年级30学时，计1学分或2学分为选修课形式，规定在第5～8学期中选修，一旦选定必须完成规定学分。

（2）体育课程教材的设置

教材是课程改革的核心，教材内容的总体要求是：紧扣学科教学目标，吸收旧教材长处，注重打好基础、提高素质、发展个性、培养能力；对现行教材中烦琐、重复、偏高、偏难、偏全的内容，做适当的删、减、降，求得整体上的“高、新、精、活”，以国外经验为借鉴，扬长避短，以面向全体学生、全面提高素质为核心，重点增强体质，突出本校特色，选择深受学生喜爱的教材项目。

2. 教学方法与手段向个性化、多样化变更

学生作为一个群体，是由不同的个体构成的，学生个体的多样性是学生身心发展的规律性的反映，而教学方法与手段是否依据了学生个体的多样性，则是衡量体育教学是否遵循了内在规律的尺度之一，由于学生个体之间的差异决定了他们的起点、进步程度等均有不同，解决不同的问题用不同的手段与方法，充分体现教学手段与方法的个性化，也就是通常所指的“因人施教”——因人而异、区别对待、各尽其能、各得其所。在强调“因人施教”的同时，不能忽视“因材施教”——因“材”而异、有的放矢、各具其法、各显其能。

3. 以必修课的课程设置为突破口，普及健康体育选项课

现在的体育教学中缺乏新鲜感，扼制了大部分学生的学习自觉性和积极性。因此，健康体育课教学过程中应根据学生的兴趣开设选项课并重新编班，根据学校的场馆设施、学生兴趣以及体育基础、体育老师的专业等情况，设置大量的健

康强身、休闲娱乐的项目，供不同兴趣的学生自主选择。

4. 以课外体育活动为切入点，加强体育知识和健身方法的传播

课外体育活动开展的时间和方式可逐步趋向机动灵活，如游泳、水球课可相对集中在夏季，滑冰、滑雪等可相对集中在冬季。健康体育教育应具有一定的知识质量和文化底蕴，应有属于自己的知识体系，要选择新颖的理论教学方法来吸引学生，收集录像资料，将声、动、画结合起来，制成内容丰富、通俗易懂的多媒体课程软件，在有限的时间内将大量的体育理论知识传授给学生。

5. 以“课外体育俱乐部”活动为手段，为学生提供锻炼的场所和时间

所采用的课外体育俱乐部制，就是学生持卡可到任何一个俱乐部去参与活动和锻炼。一般学生所参加的俱乐部都是自己所喜爱的健康体育活动，这无形中调动了学生自我锻炼的积极性，提高了主动参与的意识，并有利于体育锻炼习惯的养成，通过俱乐部组织丰富多彩的活动内容，满足学生对健康体育项目的执着和喜爱，丰富学生的业余文化生活，同时可以解决课时不足与场地拥挤的问题。

二、国际健康促进的发展概况

20 世纪 70 年代以来，发达国家在针对行为改变进行健康教育的基础上提出了新思维。1974 年，加拿大卫生与福利部部长拉朗德最早提出了“健康促进”的说法。直到 1991 年第三届国际健康促进大会才逐步认识到健康促进对发展中国家的意义，因此大会邀请了近一半发展中国家的代表参会，同时还邀请了交通、住房、教育、社会福利等部门的代表。会议通过了以“创造有利于健康的环境”为主要内容的《宋斯瓦尔宣言》，与会人员充分认识到必须把健康与环境两大主题紧密连接起来。为落实《宋斯瓦尔宣言》，世界卫生组织在非洲区、西太区、东南亚区召开了一系列地区性健康促进会议，分析和交流了本地区健康促进的问题和经验，对本地区健康促进工作提出了指导性建议。

2006 年，在泰国曼谷召开了第六届全球健康促进大会，确定“政策与伙伴行动：解决健康的决定因素”为大会主题，发表的《曼谷宣言》明确提出了要通过政策制定和伙伴行动改善健康的决定因素，与会国家共同承诺健康促进成为全球性发展中心，成为国家所有部门的共同实践和各级政府的核心职责，成为社区和社会团体的核心工作。

纵观世界健康教育和健康促进的发展，各国的发展很不平衡，但跨入 21 世纪以来，世界各国都进一步开阔了健康促进的视野，深化了从社会、经济、环境全方位解决健康问题的理念以及全方位综合解决健康问题的策略。根据“实践—认识—再实践”的事物发展规律，随着社会的进步和科学技术的发展，健康促进的内涵、功能、策略与手段乃至立法必将日臻丰富和完善，并对全世界的卫生保健事业发挥越来越重要的作用。

第三章　高校体育运动促进健康的原理与方法研究

第一节　高校体育运动促进健康的基本理论

一、高校体育运动与大学生的身体健康

（一）能够促进大学生的健康发展

经常参加体育运动的人，心肌细胞能获得更充足的氧气及营养，产生营养性肥大，使心脏重量增加、容积增大。一般人的心脏重量为 300 g 左右，心容积约为 750 mL，而运动员心脏可增重至 400～500 g，心容积可达 1 000 mL 以上。此外，心肌增粗使心肌收缩力增强，每搏输出量多，因而安静时心跳次数比一般人慢。一般人每分钟心跳 75 次左右，而经常运动的人可减少至每分钟 50～60 次，由于心跳的减慢，使心脏获得了更多的休息时间，这对心脏的保护及心泵功能的储备是极为有利的。

体育运动对预防心血管系统疾病有良好的作用，对心血管疾病起到积极的预防作用。体育运动还能大大地增强大学生呼吸系统的功能，经常运动的男子肺活量能够达到 5 000 mL(正常健康男子为 3 500～4 000 mL)，女子可达 4 000 mL 左右(正常健康女子为 2 500～3 500 mL)。体育运动时，由于肌肉需要更多的氧，呼吸次数可由安静时的每分钟 12～16 次增至每分钟 40～50 次，每次吸入的空气量由安静时的 500 mL 增加至 2 500 mL，使每分钟的肺通气量达 70～120 L，这对健康都是极为有利的。

（二）体育运动能够使大学生的心肺功能全面提高

适当的体育运动对维持和增强人体活动具有重要意义，人长期从事体育运动能增强体质并具有延年益寿的功效。国内学者研究发现，体育运动可以提高大学生的运动机能和心脏、循环系统的机能。国外科学家还做过一种试验，让健

康青年连续躺在床上9天，发现他们的心脏循环系统和呼吸系统以及新陈代谢的工作能力平均下降21%，心脏容积缩小10%。

（三）体育运动对神经系统的良性影响

体育运动对大脑细胞及神经系统可产生良好的影响。有研究报道，经常运动的人的反应速度是161.5 ms，一般人为217.5 ms，说明经常运动有助于大脑神经细胞工作能力的提高，反应灵活迅速，准确协调而不易疲劳。

体育运动还有助于思考敏锐，记忆力增强，提高大脑工作效率。这是因为适当的运动使身体循环血流量增加，血流速度加快，这使得脑细胞的血液供应和氧供应均增加，有利于脑细胞思考效率的提高。

二、高校体育运动与大学生的心理健康

随着生产水平的提高和科学技术的不断进步，人们对健康的要求越来越高。健康的概念也由原来的“没有疾病、不虚弱”转化为“健康乃是身体上、心理上和社会上的完好状态或完全安宁”。而高校体育运动能够对大学生的心理健康发挥重要的作用。

（一）体育运动能够提高大学生的自我知觉与自信心

自我知觉是大学生个体对自我存在的评价，大学生主动参加体育运动一般都会促进积极自我知觉。中等强度的有氧训练可使有氧素质和应付应激的自我感觉能力有大幅度的提高，并能增加幸福感。自信心是对自己成为胜任者能力的确信。大学生参加体育运动的内容绝大多数是根据自身兴趣、能力等选择的，他们一般都能很好地胜任运动的内容，这有助于增强大学生的自信心。

（二）体育运动能够对大学生心境的积极变化起到一定的促进作用

由于参加体育运动的大学生是主动参与的，并在自己的闲暇时间进行，因而大学生的情绪状态通常是积极、稳定的，或是为了达到积极的状态、改善不稳定的状态而进行体育运动。有研究表明，在所有的情绪状态下，成年女子在一天任何时候进行有氧体育运动对心境的改善都有显著的益处。另有研究表明，在平常的条件下，体育运动可以影响到心境的状态，并降低焦虑程度。

（三）体育运动对抑郁、焦虑、紧张等情绪的改善

国外有学者对相关问题进行了研究，在调查的1 750名医生中，有60%的人认为应将身体活动作为治疗焦虑症的手段；80%的人认为身体活动是治疗抑郁症的有效手段之一。1992年，有学者对1985—1990年涉及有氧练习和焦虑、抑郁之间的关系（实验控制十分严格的研究）进行了分析，结果表明：有氧练习可降

低焦虑、抑郁；对长期性的轻微到中度的焦虑症和抑郁症有治疗作用；大学生参加运动前的焦虑、抑郁程度越高，受益于体育运动的程度越大；体育运动后，即使大学生的心血管功能没有提高，焦虑、抑郁程度也可能下降。

（四）体育活动能够使大学生的某些心理缺陷得到矫正

大学生的心理不是孤立的，心与身是相互联系、相互作用的，大学生的心理与大学生周围的环境、周围的人也是相互协调和相互影响的。而体育这一活动则为大学生提供了一块珍贵的活动空间，在这一空间中，大学生的心理与身体、大学生的主体与周围环境、大学生与周围的人能够充分地交融在一起，从而促进主体对环境的适应，促进人际关系和谐，使大学生达到身心平衡、获得身心健康。

（五）体育运动能对大学生的心理疾病进行预防与治疗

据国外报道，许多国家已将体育活动作为预防和治疗心理疾病的一种手段。临床研究表明，慢跑、散步等中低强度的有氧运动，对治疗抑郁症和抗抑郁效果十分明显，能减轻患者症状，增强其自信心。

综上所述，体育运动对于大学生的心理的作用是多方面的，而且作为改善现代人心理健康的一种途径具有很好的效果。体育运动对于抵抗抑郁、焦虑、气愤以及其他消极情绪，以及营造良好的积极向上心境而言是非常有效的。

三、高校体育运动与大学生道德健康

“道德健康”是“新健康教育”的一个重要组成部分，它是以培养道德健康的社会公民为目的，通过运用健康管理的方法，以人文环境的改善为主，与校园环境、功能环境的改善相配合，运用知识教学与环境塑造相结合的方式，注重从思想上与行为上培养高尚的道德修养。道德健康是平衡健康的第一要素，健康应以道德为本。

（一）体育能够使大学生的人生观、价值观得到改变

人生观、价值观是看待、了解自然社会和社会现象的基本观点，是大学生进行行为调节和控制的参照物。在各种体育行为中，大学生必须用辩证思维公正观察，遵从事物的客观规律，运用自己的智慧、技巧找出解决问题的方法。因此，体育能够积极引导学生树立科学的世界观、人生观、价值观，激发他们的学习兴趣，找准人生的目标，端正人生的航向，去追求不同的目标和理想。

（二）体育影响学习意志品质

意志是在实现预定的目标时对自己克服困难的活动和行为的自觉组织与自我调节，是人们为了一定的目的自觉地组织自己的行为，并与克服困难相联系的

心理过程。在体育运动中，正确、规范、优美地学习动作，全身心地投入运动当中，在失败时不气馁，顽强拼搏；在胜利时不骄傲自满，冷静对待；培养自己的独立性、果断性、坚韧性、自制力和自觉性，从而使自己获得健全的道德力量。

（三）体育对大学生个性的影响

个性是指在一个人身上经常地、稳定地表现出来的不同于他人的心理特点的总和，也是一个人的基本精神面貌。体育对于塑造大学生的个性有着十分重要的影响。在体育活动中，无论是个人项目还是集体项目，都必须学会尊重别人、尊重自己，建立正确的道德观，养成良好的个人行为和道德风尚。

（四）体育对于大学生品德心理的影响

品德是指道德在大学生身上表现出来的稳固的心理特征。在体育活动中，通过集体舆论而受到影响，当集体成员做出与集体舆论相一致的行为时，个人将得到集体舆论的肯定和鼓励，从而使这种行为得到强化。通过体育活动能培养大学生诚实、团结、互助、相互尊重的一系列的优良品德。

四、高校体育运动与大学生的社会适应

社会适应，是指人在一生中面对不断变化的外界社会环境特别是某种社会困境所采取的态度和行为。随着当今社会多元化的发展，大学生要很好地适应社会环境，一方面是改造环境，使环境合乎自我身心发展的要求；另一方面是改造自身，去适应环境的需要。体育运动以其特有的优势，使大学生的个性得以形成和完善，成为提高高校学生社会适应能力最为重要且高效的手段。

（一）有助于学习和理解社会行为规范

体育是一种特殊的社会文化活动。在这一领域中确立了明确而细致的各种行为规范，如运动守则、比赛规则、竞赛规程等，并通过裁判、仲裁、公众舆论、大众传播媒介等实施和监督，由于体育的这些规范训练可在体育教师指导下经常反复地进行，这就使大学生在体育活动中学习了行为规范准则，懂得了行为规范的一般特征，有助于对其他社会规范的理解和学习。

（二）有助于内化正确的价值观念

体育文化之所以存在，其哲学意义在于对人的肯定，它是追求人的价值和权利的过程，可以培养积极进取的精神和高尚的品行与气质。大学体育教育是培养学生人体和精神全面发展与完善的过程，是培养正确价值观的重要手段。

（三）有助于体验不同的社会角色

一个人要符合社会的要求，取得社会成员的资格，就必须学会接受适当的社

会角色，而各种体育运动的场合，则有机会让学生体验不同的角色和“做什么、怎么做”的社会意义，为他们走向社会打下基础。

（四）有助于培养团结协作的精神

体育竞技中的许多团体项目（如篮球、排球、足球等）已广泛地得以普及，大学生在投身于这些运动强身健体的同时，学会了如何恰当地处理个人与集体的关系，如何融入集体之中，如何与他人沟通及合作，并在其中强化了自身的组织性和纪律性。

（五）有助于情感与情绪的调节

当今社会竞争空前激烈，各行各业普遍存在竞争，使怡然自得的“世外桃源”成了人们心中永远的回忆，置身其中的人们会不自觉地产生忧郁紧张等情绪的反应，体育运动可以转移大学生不愉快的意识、情绪和行为，使他们从烦恼痛苦中摆脱出来，使大学生的不良情绪得到及时的宣泄，以稳定的心情承受压力、迎接挑战。

（六）有助于大学生人际关系的改善

人是社会的基本构成单元，人对社会的适应从本质上来讲是自身对他人的适应，能否成功地与人交往、与人沟通，是人与社会适应最直观、最客观的体现。在高校体育运动中，大学生们相聚在运动场上，进行平等、友好、和谐的练习和比赛，使他们相互之间产生亲切感。尤其是集体竞赛项目，可以使直接参与者及间接参与者结识更多的朋友，将大学生之间的关系变得更加和谐友好。

（七）有助于提高大学生的心理素质

高校体育运动的显著特点是竞技性强，凡是比赛都要争高低、论输赢，体育运动的过程必然伴有成功的喜悦和失败的失意。在成功与失败之中，大学生学会了享受成功、承受失败，学会了胜不骄、败不馁。因此，大学生的心理承受能力与心理适应能力在不断的锤炼中得到了显著的加强。

（八）有助于塑造大学生健全的人格

在体育运动中学生要承受一定的生理负荷，这就要求参与者要不怕困难、不怕艰辛，在克服困难的过程中培养顽强的意志品质和坚持不懈、吃苦耐劳的优良作风。体育运动多种多样，有的要求快速，有的要求耐久，有的动作复杂惊险，有的动作变化无穷，这就要求大学生勇敢地去尝试、果断地做判断，而以上这些优秀的品质对一个人适应社会竞争、胜任社会角色都有着深远的意义。此外，绝大多数的体育项目都伴随着高强度的对抗，这是一个侵犯与被侵犯、忍让与被忍让、尊重与被尊重的过程，大学生参与其中，学会了彼此尊重、彼此体谅。

第二节 高校体育运动促进健康的原则与方法

一、高校体育运动促进健康的原则

所谓高校体育运动促进健康，是身体运动客观规律的反映，是人类从远古至今所积累的身体运动和养生经验的概括和总结，是人们科学从事身体运动所必须遵循的准则。体育运动原则是体育运动学的重要组成部分，是对体育运动活动进行科学指导的依据。

历史的经验表明，人们在改造客观世界的同时，也在不断地改造着自身。人们为追求健康生存和益寿延年的积极效果，总是不断地摸索其规律并身体力行，体育运动原则正是这些体育运动成功经验的总结和概括，同时也是对不成功的教训的必要扬弃。久而久之，逐步形成了一些较为稳定的、为科学运动所必须遵循的准则，即体育运动原则。成功的体育运动过程，总是在自觉或不自觉地遵循这些原则；反之，如果违背原则而盲目运动，就会事倍功半或事与愿违。

关于高校体育运动促进健康的原则，在不同的教材或参考书中有着不同的提法，现将其加以归纳，主要有以下几个方面。

（一）目的性原则

目的性原则也称主动积极性原则或意识性原则，是指运用宣传和其他手段，动员运动参加者在充分理解身体运动目的、意义的基础上，自愿、主动、积极地进行身体运动活动。

健身运动是一种自愿行为，目的明确和主动积极是参加并坚持身体运动的首要条件。正如毛泽东同志早年在《体育之研究》中所指出的那样，“欲图体育之有效，非动其主观，促其对体育之自觉不可”。

1. 目的性原则的依据

(1) 健身运动是现代人的一种有目的、有意识的活动，自始至终均要受到一定目的所支配。与体育领域其他活动相比较，健身运动尽管不像竞技体育那样把夺取优异成绩作为主导目标，不像体育教学那样有着较为恒久的教学目标，然而就人类总体而言，健身运动则是为了谋求人类自身的健康完善和身体潜能的开发。就每个大学生而言，也带有十分明确的自我身体完善的目的。单纯追求消遣娱乐或填充生活空间的目的和动机，不可能构成积极而有效的健身运动活动。

(2) 健身运动是一种业余活动，其社会制约性、纪律监督性不强。一般来说，参加身体运动没有法定的活动时间、地点和活动形式，没有必须强制执行的练习纪律，也不一定需要有教师或教练员的监督与帮助。与体育教学、运动训练相比，一个显著的区别在于运动的灵活性、独立性明显。因此，主观因素和明确的目的性在运动过程中起决定性的作用。

(3) 健身运动既是一种克服自身惰性的体力性活动，又是克服外界环境阻碍的意志性活动。运动者要不断地战胜贪图安逸的心理惰性，保证在预定的时间参加活动。在运动中，身体要承受相当的运动负荷，要有额外的体力消耗。同时，外界环境和条件是十分复杂的，常常要在风霜雪雨、炎热或寒冷的不良气候下运动。因此，没有明确目的和主动自觉的精神，是不可能坚持下去的。

2. 贯彻目的性原则的要求

(1) 提高国民体育意识，强化体育价值观念

众多学者的研究认为，推动人们的体育行为有赖于人们体育意识和价值观念的确立，而后者又依靠于两个重要的前提条件，即人们对身体重要性的认识和对体育作用的认识。调查研究表明，我国居民对上述两方面的认识是比较明确的。然而，我们也要看到，从对体育作用的了解和运动知识的获得，到坚持不懈的身体运动，其过程是十分复杂的。其环节主要包括：学习体育运动知识与方法→形成体育意识→实施体育行为→获得体育绩效。由此可见，体育意识和体育价值观念对明确运动目的、促进运动行为具有十分重要的意义。我国体育人口的数量不足，参加体育活动的积极性不高，一个重要原因还在于人民群众的体育意识和体育价值观念不强。这是我国推动全民健身运动必须注意克服的。

(2) 明确目的，强化动机

目的是人们行动所要达到的预期结果，动机是促使行为发生的内在力量。人的一切行为总是从一定的动机出发，而动机的产生则是为了满足人们的各种需要。

要强化身体运动的目的和动机，要认真分析引起运动者动机的各种需要，加以因势利导。不同年龄的运动者有着不同的运动需要，如强身需要、保健需要、娱乐需要、健美需要和参加比赛的需要等，其核心应该引导到增强体质、促进运动者身体完善的方向上来。同时，要把明确目的与树立正确的人生观联系起来。只有树立积极进取、健康向上的人生观，才会找寻各种途径不断地充实自己，使运动真正成为生活的内容之一。

(3) 培养兴趣，形成习惯

身体运动的积极性首先来自正确的目的和动机，同时，对体育运动本身的兴趣也是极其重要的。当人们对身体运动有着浓厚兴趣时，总会以积极的态度和愉快的心情去进行运动活动，并乐此不疲。在人体生理机能上也会发生良性变化，如体内的血糖上升、肌力增加、关节活动幅度增大；反之，如果缺乏兴趣，则极

易疲劳，机体内出现血糖下降、肌力减退等现象。

兴趣分为直接兴趣和间接兴趣。直接兴趣是对运动活动本身感到需要而引起的兴趣，如参加球类和游戏活动。间接兴趣不是指向活动本身，而是对健身运动未来结果感到需要而引起的兴趣。以上两种兴趣可以互相渗透，并且都对促进体育活动有利。在指导人们身体运动时，一方面要使运动活动的安排丰富多彩、引人入胜、富有情趣，把广大群众引导到体育运动中来；另一方面要加强运动的目的性教育，着力培养人们对体育的间接兴趣，要把已有的体育兴趣强化到更高的程度。

兴趣能够诱发自觉，但自觉的运动还必须形成运动的习惯，这是兴趣不断被强化、运动行为长期坚持的结果。只有把身体运动纳入个人活动计划，形成生活中的一部分，才能形成稳定的体育运动条件反射，机体也会形成新的生物节奏，身体运动才能持之以恒。

(4) 检查评价，激发动力

身体运动的效果是逐步取得的、波浪式发展的，并不与运动活动同步，运动者本身感觉并不明显。人的情绪、心境受世事境遇的影响，有时也会对运动效果做出不切实际的判断或带有主观色彩。如果对体育运动评价为正向效果，则会对行为产生增力效应；反之，如果评价身体运动无效或负向效果，则会对行为产生减力效应，以至于完全停止。因此，要通过多种形式对身体运动效果加以检查与评价，并以此作为调动运动积极性的有力手段。

在体育运动实践中，往往通过医务检测、素质和成绩测验、定量负荷测验、自我感觉、参加比赛等多种形式，对运动效果加以评价。也可督促运动者养成定期接受检测和自我检测的习惯。对各项检测的结果，要运用体育专门知识和科学态度正确地分析、客观地评价。要注意总结个人运动中的经验教训，扬长避短，以果求因，摸索适合自身特点的运动内容、负荷、手段和方法。

(二) 身体全面发展原则

身体全面发展原则是指在身体运动过程中，运用多种内容、方法和手段，统筹兼顾，使身体各部位、各器官系统的机能、各种身体素质和活动能力以及心理品质都得到全面均衡的发展。

人们对体育运动的崇尚与其对身体全面发展的追求是紧密相连的。古希腊雕刻者米隆的《掷铁饼者》雕像，以其身体全面协调、线条清晰、垒块分明征服了一代又一代的体育运动者，身体全面发展原则正确表达了身体运动者的终极目标。

1. 身体全面发展原则的依据

(1) 人体的整体联系性

作为一个完整的系统，机体各部位、各组织器官是相互联系、相互制约的。某一方面的发达或衰退，都会影响和关联其他方面。如果安排得当，身体的形态、机能和素质就会互为促进，共同提高；处理不当，则可能造成身体畸形发展，或突出发展部分与其他部分的差距加大，失去平衡；或落后部分牵制整体的提高，影响运动效果。

(2) 生物进化论关于“用进废退”的原理

根据这一原理，物质体具有“运动加能效应”。在一定范围内，经常使用的部位、器官和系统会得以发展，并逐渐形成相应的形态学和生理学特征，如肌肉体积变大、机能提高等；而那些长久不用或很少使用的部分，就可能萎缩或退化，也相应表现出一定的特征，由此形成“用进废退”。如果不注意身体的全面运动，久而久之，就会造成身体发展比例失调。特别是青少年时期，正处于生长发育的旺盛时期，身体的可塑性大，更应注意全面发展身体。

大学生对身体运动的基本要求尽管有着不同的目的，但是，身体全面发展则是每个运动者最基本的要求。因为只有身体全面发展，才可能拥有体态匀称和协调的美。

2. 贯彻身体全面发展原则的要求

(1) 合理选择和全面搭配身体运动手段

各种身体运动手段都能对人产生某种特定的影响，但同时又具有一定的局限性。比如，长跑练习对内脏器官和下肢的运动比较有利，而对发展力量则显得不足；单双杠练习有利于发展上肢，但对下肢及内脏器官的运动效果稍差。这就要求在选择运动内容时统筹安排，全面兼顾。一方面要注意选择那些对身体各方面有全面影响的手段，发挥其全面运动效能。另一方面也可将某些运动手段加以组合搭配，发挥其互补作用，保证其全面运动身体。同时，亦可根据一年周期的不同季节，交替采用某些运动项目，促进身体全面发展。如在冬春季节从事滑冰、打球、长跑等，夏秋时节进行游泳、体操等。

(2) 要做好准备活动与整理活动

准备活动的目的是为运动做好充分的准备，同时负有促进身体全面发展的职能。因此，除应使机体发热外，应十分注意使身体各部位、各器官系统得到充分活动，常伴以徒手操、柔韧性练习等多方面内容。整理活动不仅要求使机体缓慢地恢复到相对安静状态，也应对身体各部位施加全面的影响，并对某些活动不足的身体部位和环节加以补充。

(3) 要内外结合，形神一致

身体运动从外在表现来看，是由身体各组织所实施的肌肉活动。实际上，它是在中枢神经系统的指挥下，由身体各组织、器官和系统相互配合共同完成的。

因此运动时必须内外结合,形神一致。

运动中不仅要注意练习动作的准确优美,而且要特别注意身体内部器官和系统的反应,如出现呼吸过于急促、胸部胀闷、有窒息感,就应考虑及时调整运动强度和练习节奏。身体有某些疾患者在运动不适时更应如此。

内外结合还应讲求运动卫生,避免因不合理的安排而损害内脏器官,如为保护心血管系统,在激烈运动后不能因机体疲劳而马上静止休息;大强度运动结束后不能立即大量饮水,以减轻心血管系统的负担。

形神一致是中国传统养生体育的一贯原则。为此,要求运动中意念要专注、精神要集中,使思想与动作紧密结合。不仅要讲究生物运动效果,而且要注重精神上的享受和心理上的修炼,使身体运动获得物质和精神的双重效果。

(三)运动适量原则

所谓运动适量原则,是指在身体运动中,恰当合理地安排运动负荷,使之既能满足运动者增强体质的需要,又符合身体的实际接受能力。

运动适量原则是身体运动中的一个极为重要的原则,这是因为身体练习活动都在于使机体承受一定的负荷,造成一定的内外刺激,从而引起相应的反应,获得增强体质的实效。运动负荷安排是否合理,直接影响运动效果。负荷过小,刺激不能引起机体的加能反应,达不到强身健体的作用;负荷过大,机体超载负荷,不但不能增强体质,反而会损害身体。

1. 运动适量原则的依据

(1) 超量恢复原理

根据这一原理,机体在运动中承受的运动负荷,必须与机体承担负荷的能力相适应,即使机体承受此种负荷后有着一定的疲劳(但决不能过劳)。只有负荷适量,并配合一定的休息措施和恢复时限,机体就不仅能恢复到原有水平,而且会超过运动前的水平,使得能量储备和机体能力的稳定增长,以及体质的逐步增强。

(2) 运动负荷价值阈理论

这一理论的基点,是把运动负荷控制在合适的有氧强度的范围内,以保证对机体适宜的刺激强度。从这一角度来看,阈上负荷和阈下负荷对身体健康是不利或作用不大的。

2. 贯彻运动适量原则的要求

(1) 要认真考虑负荷量和强度的配置

量和强度作为运动负荷的两个基本方面,是不可分割的。然而,它们又有其各自不同的影响。要根据运动者的身体状况和运动目标,科学地安排负荷的量与强度。不切实际地加大运动负荷的量与强度，往往会产生事倍功半的效果。

(2) 要认真测定和分析运动负荷的内部数据

在安排内容和进行练习时，既要注意内部数据与表面数据之间的一致关系，又要注意它们之间的不一致。当机体处于不同机能状态时，或是不同的运动者相比较时，同样的表面数据可能引起不同的内部数据，不同的表面数据亦可能产生相同的内部数据。因此，不仅要注意科学安排练习的表面数据，尤其要十分注意内部机能的变化，加强对机能变化状态的监测，并以此调节运动负荷。

(3) 要认真安排休息，使之与负荷合理交替

休息可分积极性休息和消极性休息两种。在身体运动过程中常见的是运动与休息互相交替。最为有利的交替方式是安排休息时，先要安排积极性休息，后安排消极性休息，再采用积极性休息，即“金字塔”式的休息方式。休息的时间，要短到不影响疲劳充分恢复，长到不降低运动时的工作能力。休息时间过长或过短，都会影响实际运动效果。要掌握好休息的时间与“火候”，需要在专门指导下不断地积累经验。

(4) 要避免过度疲劳

适度疲劳，是身体异化过程的主观反应，也是健身活动所必需的。然而，过度疲劳特别是长期持续性过度疲劳，不仅不能达到增强体质之实效，还可能导致多种疾病。有的运动者追求健身效果心切，往往不遵循系统性原则，盲目地增加运动负荷，常常会造成过度疲劳的后果。

判断机体是否过度疲劳，可采用许多教育学、生理学和医学方法，运动者自身主观感觉也是判断疲劳程度的重要标志。一旦诊断为过度疲劳，则应立即停止一段时间的运动，或采用其他恢复手段和方法。

(5) 在安排负荷时要考虑与此有关的其他因素

在安排负荷时要考虑与此有关的其他因素，如劳动负担、工作性质、休息方式、睡眠状况、食欲情况、营养状况、作息制度等。

(四) 循序渐进原则

循序渐进原则是指运动者要按照事先制订的运动计划，经常地、持之以恒地从事身体运动，运动的内容、形式要由简到繁、由易到难，运动负荷要由小到大。

1. 循序渐进原则的依据

(1) 机体适应性规律

人的健身运动过程，是一个从不适应向适应转化的过程。初次参加活动，哪怕负荷不大，也会产生强烈的反应，可称为不适应。通过长期相同的负荷运动，机体就会逐渐适应，称为持续性适应。同时，健身运动过程也是一个由适应向新

的不适应转化的过程。当机体出现持续性适应后，如果不增加练习负荷，即不增大负荷刺激，机体对该负荷的反应就会逐渐降低直到不明显，即出现“习惯性负荷”效应，身体运动的效果也会逐渐降低或不明显。身体运动过程就是“两个转化”不断循环和螺旋式上升的过程。这就说明，运动者要想获得在身体形态、生理等方面的良好变化，必须坚持循序渐进的原则。

这种规律的创造性运用，就是超负荷运动理论。根据这一理论，应当强调在适应的基础上不断地和有节奏地增加运动负荷的量度，按照“加量（不适应）→适应→再加量（不适应）→再适应→重新加量（新的不适应）→新的适应”的方式组织健身过程，机体的机能水平和适应能力才会在新的基础上得到新的提高。

（2）运动技能形成规律

身体运动活动尽管不像体育教学和运动训练那样要求运动技术达到十分精细的程度，但也应掌握一定的运动方法和技术。学习和掌握技能技术的过程，实质上是运动性暂时神经联系的建立和巩固的过程。这种条件联系的建立、保持和完善，需要不断地加以强化。如果中断练习，或时练时停，必然造成暂时神经联系的减弱、消退，这对掌握运动技能技术是不利的。

（3）用进废退的规律

运动者身体形态、生理等方面的变化，均服从这一规律。这就告诉我们，运动似逆水行舟，不进则退。日本学者证实，停止运动后，肌肉力量的消退是必然的，且与运动频度有关。

2. 贯彻循序渐进原则的要求

（1）逐步养成运动的习惯

养成运动的习惯是循序渐进的基础。有规律的身体运动，可使身体形成较为稳定的生物节奏。良好的生物节奏，可保证每一次运动对身体产生良好的后效，并为下一次运动提供基础。下一次运动在新的基础上展开，并为之后的运动创造条件。如此反复进行，既可以获得身体运动实效，又可以养成运动习惯。

要养成运动的习惯是需要毅力的，特别是在运动初期，一定要战胜自我，坚持不懈，认真执行运动计划。在经过较长的时间（大约3～6个月）后，便有可能形成新的生物节奏。

（2）循序渐进，稳步提高负荷

对青少年来说，运动负荷应呈逐渐增加的趋势。如果老是维持同一种负荷，这种负荷就是运动效果不佳的“习惯性负荷”，已于前文所述。要达到体育运动的效果，必须经常变换负荷的性质和强度，循序渐进地增加负荷。

增加身体运动负荷有以下几种方式（图3-1）：

① 渐进式：即运动负荷呈逐渐而缓慢增加的趋势，量的增加稍快，强度增加

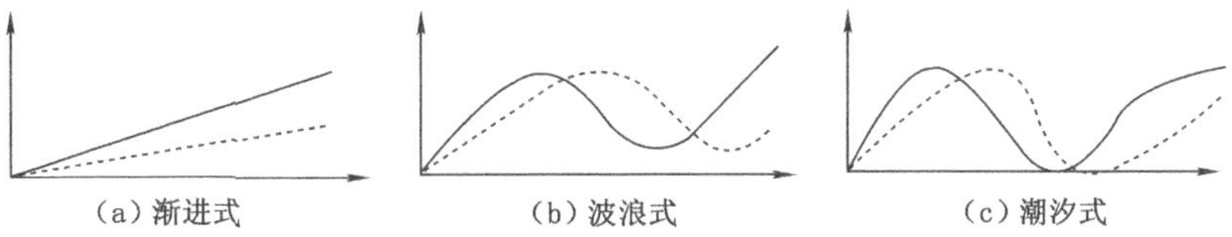

图 3-1　增加运动负荷的几种方式

极为谨慎。它适合于青少年和一般运动者。如图 3-1(a)所示。

② 波浪式：是将增加负荷与减少负荷结合起来，负荷的量与强度发生规律性变化，波浪式负荷方式呈上升趋势，但更为自由，适应性强。它适合于为迅速增加体力的一般运动者。如图 3-1(b)所示。

③ 潮汐式：在负荷强度和性质上，要依据年度周期和各个季节的变化而不断交替，每年一个循环，周而复始，不追求增加负荷，量与强度呈波浪式发展。它适合于一般成年运动者。如图 3-1(c)所示。

增加运动负荷的幅度究竟应有多大？有人研究提出"百分之十原则"。它是指导运动者既增加练习负荷，又避免因运动过度而导致运动损伤的一种监控方法。其含义是：每周的运动强度或持续时间的增加不得超过前一周的 10%。例如，本周坚持跑步 20 分钟，下一周要增加练习负荷，跑步的持续时间就不应超过 22 分钟。从事其他的运动或增加运动强度也应遵循这个原则。

要保持运动负荷与机体承受能力相一致。对于青少年来说，由于身体处于生长发育过程中，其运动负荷应呈逐渐上升；对中年人来说，身体机能和适应能力处于稳定状态，其运动负荷趋向应保持稳定，呈相对稳定；对老年运动者来说，其总的运动负荷趋向是循序渐退的，呈逐渐下降。盲目地增量或减量，不利于取得身体运动效果。

(3) 要不断更新和完善运动内容和方法

健身运动的动作属于运动性条件反射，反复练习对巩固动作技术是有好处的，但简单重复的动作又较为枯燥。健身运动需要新异刺激，运动内容要丰富多样，运动方法也要不断推陈出新，形成不断更新和完善的动态运动系统。但内容和方法的更新与完善要根据自身条件和实际可能，循序渐进地进行。

(4) 要加强体质和健康监测，预防伤害事故

出现伤病将影响身体运动的连续性和循序渐进性，严重时甚至会中断运动。因此，运动时随时注意安全，讲求运动卫生。要定期进行体质测试和身体检查，以及时发现疾病并加以治疗。当疾病痊愈后重新运动时，要调整运动，逐步加大

并达到预期的运动负荷。

（五）区别对待原则

区别对待原则是指在体育运动过程中，要根据运动者不同的年龄、性别、身体条件、运动基础、职业特点等，合理地选择练习内容、手段方法和安排运动负荷，做到区别对待，因人而异，使健身运动具有针对性。

1. 区别对待原则的依据

(1) 大学生发展的统一性和差异性

人体在其生长发育过程中，具有一定的阶段性，这样，在同年龄的人群中，大体呈现基本相同或相近的体质特征。但是，在同年龄的不同大学生中，在身体状况和体质水平等方面，又都有着千差万别。即使是体质状况大致相似的人，随着身体运动过程的发展，大学生对负荷量或强度的适应能力也会出现差异。因此，不可能提出一个人人通用的身体运动量度方案，必须依据运动者的不同情况区别对待，做到"一把钥匙开一把锁"。

(2) 体育手段的多样性和运动者广泛的选择性

体育运动项目丰富多彩，最为流行的身体运动手段也有几百种。但是，这些运动项目特点各异，对身体的影响也不尽相同。为提高身体运动效果，就要根据个人的实际情况，有针对性地加以选用。一般来讲，选择2～3个较为实用的健身手段就可以了。

(3) 身体运动的恒常性和运动环境的可变性

运动要求经常，运动者机体变化起伏不大，运动负荷也不应有过大的起伏。然而，运动环境都会随季节气候经常变化。只有根据各种自然和活动条件相应地做出安排，才能掌握运动的主动权。

2. 贯彻区别对待原则的要求

(1) 要注意运动者的年龄特点

在不同年龄阶段，人体的机能是有差别的(图3-2)。

少儿时期处于生长发育阶段，全面发展是运动的前提。骨骼硬度小、韧性大，不宜采用过多的负重练习，非对称练习也要适度。由于心肺功能不够完善，因此不要过分从事剧烈运动，要少用憋气动作和静力性练习。

青壮年时期是人生体质的发达期，运动适应性强，能承受较大的练习强度，可从事多种运动活动。

在中老年时期，人体各组织器官逐渐老化，疾患增多，运动器官机能减弱，关节韧带的灵活性变差，不宜完成幅度过大、用力过猛的动作，运动时易发生骨折。最适宜的项目是负荷适中、节奏轻缓的练习。

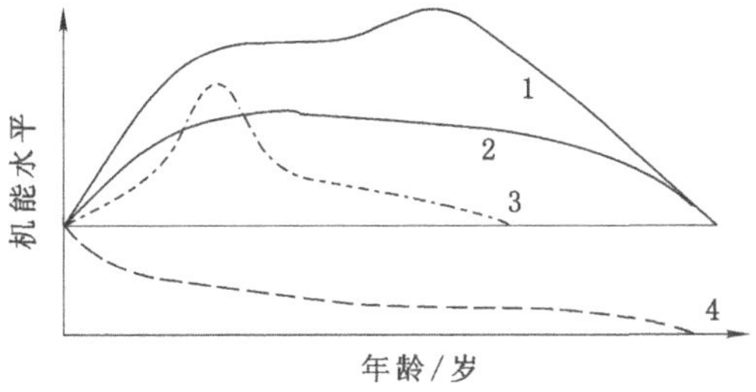

1—脑神经机能；2—运动机能；3—生殖机能；4—营养代谢机能。

图 3-2　各年龄阶段人体机能变化示意图

(2) 要注意运动者的性别特点

男女的身体差异是十分明显的。男性肌肉发达，约占体重的 42%左右，女性只占 36%左右，故男性运动负荷应比女性大，适于完成力量、速度、跳跃等动作，女性则适于完成平衡、柔韧等动作。从心理上看，女性偏爱轻盈、优美、富于韵律的动作，男性则偏爱刚健有力、对抗性强、有一定冒险性的动作。指导时要注意因势利导。

(3) 要注意运动者的身体和健康状况

身体和健康状况是确定身体运动内容方法和负荷的主要依据。运动前要通过体质检测、医学诊断或病史调查等手段，掌握运动者的健康情况和水平。对于高血压、冠心病等患有心血管系统疾病的人，应在医生指导和严格监督下进行运动。对于其他疾病的患者，也应了解其病患部位和程度，以便"对症下药"，也可采取专门性练习，或因病情重而暂时中止练习。

(4) 要考虑运动者的职业特点

由于社会分工不同，社会不同职业者劳动性质差别较大，有的从事体力劳动，有的从事脑力劳动，有的从事混合性劳动；从劳动强度来分可有大、中、小强度；至于劳动姿势和劳动环境，则是千姿百态，难以尽言。要根据不同职业者的劳动特点，制订出有针对性的、切实可行的运动方案。比如，脑力劳动者，工作时经常维持弯腰伏案的姿势，颈部前倾，脑供血受阻，颈、背、腰部肌肉易酸痛，由于低头含胸，肺部活动受迫，呼吸机能降低，肌肉缺乏活动，体力下降，等等。针对这些特点，就应以动作舒展的户外运动为主。对不同特点的体力劳动者，运动手段也应具有差异性，其主要特点是：对劳动中负担较重的部位和肌群，应以舒展和放松练习为主；对劳动中负担较轻或基本无负担的部位和肌群，可适当加大活动强度；注重身体各部位和身心协调发展。

(5) 注意地域和季节特点

我国幅员辽阔，不同地区地理气候条件、体育的地区特色等均有不同。运动中要强调因地制宜，从各地实际情况出发，有针对性地安排。我国居民进行身体运动多在室外进行，因此受季节气候制约较大，要依据自然环境的变化，调整和变更运动计划和运动活动。

上述各项身体运动的原则是相互联系的，是一个有机的整体，要在身体运动过程中全面贯彻，并结合运动手段、方法加以综合运用。

二、高校体育运动促进健康的科学方法

体育运动只有持之以恒，才能取得理想的健身效果。运动者在体育运动前应根据自身条件、健身目的、年龄和天气等多方面的因素，制订出一个长期稳定而又切合实际的运动计划。应根据人体发展的规律，运用各种身体练习和自然因素以培育和发展体质，实现运动身体的目的。

（一）体育运动的一般方法

1. 负重运动法

负重运动法是使用杠铃、哑铃、沙袋等重物进行身体运动、增强体质的方法。负重的方法既适用于运动身体，又适用于各项运动员进行身体训练，还适用于身体疾患者的康复。

一般来说，为增强体质而进行负重运动，应该采用最大摄氧量和最大心排血量以下的负荷。因为过大的负荷可能给心血管和呼吸系统带来不良的影响，为了保证这种运动方法对身体的良好作用，在运动负荷价值阈范围内（心率 120～140 次/分钟）可以多次重复或连续进行。

2. 重复运动法

在运动的过程中，可多次重复同一练习，两次（组）练习间安排相对充分休息，从而增加负荷的运动方法叫作重复运动法。例如，50 米加速跑 4～6 次，每次跑后间歇 1～2 分钟，且每次跑的距离和速度不变。主要用于发展下肢力量和速度素质。此方法的关键是一次练习后，间歇时间应当充分，这样可以有效提高运动者的无氧、有氧混合代谢能力，提高各种技术应用的熟练性与机体的耐久性。重复次数的多少不同，对身体的作用就不同，重复次数越多，身体对运动反应的负荷量就越大。如果重复次数不断持续增加，可能使身体承受的负荷超过极点，乃至破坏身体的正常状态而造成损害。

运用重复运动法的关键是掌握好负荷的有效价值（最有运动价值负荷量下的心率），并据此调节重复的次数。通常认为，普通大学生的负荷心率在 130～170 次/分钟的范围内较为适宜。

3. 间歇运动法

在运动的过程中,对多次运动时的间歇时间做出严格规定,使机体处于不完全恢复状态下,反复进行运动的方法叫作间歇运动法。该方法的关键是间歇时间的严格控制,使机体处于不完全恢复状态,要求每次练习的负荷时间较长、负荷强度适中。此方法可使运动者的心脏功能明显增强。通过调节负荷强度,可使机体各机能产生与运动项目相匹配的适应性变化,提高有氧代谢功能,增强体质。

同重复运动方法一样,间歇的时间也要依据负荷的有效价值去调节。一般说来,当负荷反应(心率)指标低于有效价值标准时应缩短间歇时间,而高于有效价值标准时可延长间歇时间。实践中,一般心率在 130 次/分钟左右时,就应再次开始运动。间歇时不要静止休息,而应边活动边休息,如慢速走步、放松手脚、伸伸腰或做深而慢的呼吸等。

4. 连续运动法

在运动的过程中,为了保持有价值的负荷量而不间断地连续进行运动的方法叫作连续运动法。此方法要求负荷强度较低、负荷时间较长、无间断地连续进行运动。从增强体质出发,需要间歇就停一会儿,需要连续就进行下去,所以不能仅讲究间歇,还要讲究连续。连续、间歇、重复都是在整个运动过程中实现的。连续、间歇、重复等因素各有其独特的作用,连续的作用在于持续保持负荷量不下降,维持在一定的水平上,使身体充分地受到运动的作用。

连续运动时间的长短,同样要根据负荷价值有效范围而确定,通常认为在 140 次/分钟左右的心率下连续运动 20～30 分钟,可使机体的各个部位都长时间地获得充分的血液和氧的供应,因而能有效地发展有氧代谢能力,发展耐力素质。

5. 循环运动法

循环运动法是练习前设立几个不同的练习点(或称作业站),练习者按照既定顺序和路线,依次完成每个练习点的练习任务。即一个点上的练习一经完成,练习者就迅速转移到下一个点,下一个练习依次跟上。练习者完成了各个点上的练习,就算完成了一次循环。这种练习方法就叫作循环运动法。其结构因素有:每点的练习内容、每点的运动负荷、练习点的安排顺序、练习点之间的间歇、每次循环之间的间歇、练习的点数与循环练习的组数。

循环运动法对技术的要求不高,且各项目都采用比较轻度的负荷练习,因此练起来简单有趣,可有效地提高不同层次和水平的练习者的运动情绪与积极性;可以合理地增大运动过程的密度;可以随时根据情况加以调整,做到区别对待;可以防止身体局部负担过重,延缓疲劳的产生,交替刺激不同的体位,有利于综合运动，从而达到身体全面发展的效果。就大学生而言，运动时既要发展四肢，也要发展躯干；既要运动胸背部，又要运动腰腹部；既要追求形态的健美，也需要注意机能、素质的全面发展。为此，就必须科学地搭配运动项目。根据已有的经验，一般选择6～12个已为运动者掌握的简单易行的项目为宜。

6. 变换运动法

通过不断变换运动负荷、练习内容、练习形式以及条件，以提高运动者的积极性、适应性及应变能力的方法称作变换运动法。此方法可以有效地调节生理负荷，提高兴奋性，强化运动意识，克服疲劳和厌倦情绪，以达到提高运动效果的目的。如刚参加运动时，可多做些诱导性练习和辅助性练习。随着运动水平的提高，应加大练习的难度，如用越野跑代替在田径场的长跑等。由于运动条件的变化，可使运动者的大脑皮层不断产生新异的刺激，提高兴奋性，激发运动的兴趣，从而提高机体对负荷的承受能力，提高运动效果。另外，不断地对运动的内容、时间、动作速率等提出新的要求，可有效地调节生理负荷，使机体不断产生适应性变化，达到更好地运动身体的目的。

7. 综合运动法

综合运动法是在进行身体运动的过程中，为促进身体各部位的全面发展而把对身体各个部位有不同作用的几个或更多的运动项目搭配起来，形成一个可影响身体数个部位乃至全身所有部位进行运动的方法。如跳绳、俯卧撑、双臂屈伸、引体向上、蛙跳等综合运动法。

8. 对身体不同部位运动方法

(1) 头部运动：头为人之首，常练可使大脑供血充分，有利于消除脑疲劳、增强记忆力。运动方法有头前屈、后屈、侧屈、回旋等。

(2) 上肢运动：运动方法有俯卧撑、双杠臂屈伸、单杠引体向上及持器械的各种练习。

(3) 躯干运动：运动方法有仰卧起坐、仰卧举腿、仰卧两头起、悬垂举腿、腰侧屈等。

(4) 下肢运动：下肢为人体支柱，应使其发达、健壮。运动方法有杠铃深蹲、半蹲、提踵、跳跃等。

(二) 简便易行的运动方法

1. 步行运动法

步行是体育运动中最简便易行的运动方法，步行运动主要由步行的距离、速度决定其运动强度，运动者应根据本人的实际情况进行选择。常言道“百练不如一走”，“饭后百步走，活到九十九”，足以见得步行运动是古今长寿的妙法之一。

2. 跑步运动法

跑步是一种相关肌肉群反复活动的全身有氧运动，利用跑步可以消耗体内过剩的能量，有助于减少体内的脂肪和控制体重。

3. 游泳运动法

游泳的运动价值与跑步非常相似。由于人在水中受到水的阻力和浮力及水温的影响，同样的距离，所需的能量是跑步的 4 倍之多，但心率却处于较低水平，因此是一种更安全的健身方法。

4. 跳绳运动法

跳绳能提高心血管系统和呼吸系统的功能，提高肌肉长时间工作的能力，同时能使人的速度、灵敏性、协调性等得到加强，因此跳绳运动是最好的减肥方法之一。

5. 有氧操运动法

有氧操是一种充满活力的运动方法，在提高心血管系统和呼吸系统的功能方面有明显作用。通过跳操，可以使体重得到有效控制，健美身材，愉悦身心。

（三）常见的大众体育运动途径

随着社会的发展，在广袤的中华大地上，也流传着深受人们欢迎的民间大众性体育运动手段。这种大众性体育运动手段，有的有着深厚的历史文化底蕴，有的则纯粹是为休闲娱乐而设置；有的已逐步形成较为严格的活动规则，有的则无一定之规。我国各少数民族，也都有丰富多彩的民间大众性体育运动手段。近年来，在推进全民健身计划的同时，国家体育总局也组织整理、创编和推广了大量的民间大众性体育运动手段，从而极大地丰富了中华体育运动手段的宝库。此处只略举几项。

1. 放风筝

风筝古称纸鸢。传统的风筝，缚竹为骨，以纸糊之，制成仙鹤、燕子、孔雀、蝴蝶、飞龙等。今天制作的风筝，常用塑料薄膜或尼龙绸等材料附于龙骨上做成。从 1986 年起，国家体委正式批准把放风筝作为一项大众趣味项目，并经常举行风筝放飞比赛。制作风筝是一项十分精巧的工作，放飞风筝对于陶冶情操、运动身体、鼓励人们参加户外活动是很有益的。

2. 龙舟竞渡

龙是中华民族的象征。龙舟竞渡是我国最具民族特色的传统性体育文化活动，由来已久，深受人们喜爱。关于它的起源，各地有着不同的传说，带有惩恶扬善、崇尚英雄的思想内涵。

龙舟竞渡之所以受到广大群众的喜爱，成为广大农村休闲时的一项体育文化娱乐活动，首先是由于龙舟竞渡形式热烈，参加者奋勇争先、全力拼搏，带有浓烈的阳刚之气。同时，沿江傍河的观众人流如潮，群情激奋，为自己的村镇和勇敢者加油。

龙舟竞渡中最有特点的是“夺标”，即在竞赛终点处设一标杆，上挂锦彩银碗之类的奖品，获胜者可直接夺得标上的奖励，也叫作锦标。正因为如此，“锦标”也成了体育比赛的通用词汇。由于参加竞渡的龙舟数目较多，而河面宽度有限，所以多数龙舟竞赛均采用淘汰法，直到决出最后的优胜者。

3. 太极柔力球

太极柔力球是我国所发明的一个新兴大众性运动项目，它科学地吸取太极拳劲力的精髓，汇集武术、网球、羽毛球等项目的动作特点，另辟蹊径创编而成，融健身、竞技、娱乐于一体，逐渐为人们所接受。

太极柔力球的用具有球与球拍，正式比赛还需专设的场地。球为白色的充气橡胶球体，上有太极图案，球拍的拍面较有特色，由软质塑胶材料制成，亦印有太极图案，受力时两面均形成弧形。基于此，运动者在击球时，要顺着来球方向、线路和速度做弧线运动，顺势将球击出，这就体现出太极拳沾连黏随、以柔克刚、借力打力的原理。

我国已制定出太极柔力球正式比赛规则，可进行单人、多人、花样练习和比赛，具有很强的适应性。比如，年老者可进行非正规的一般性练习，身强力壮者可提高动作速度，增加腾空、旋转等技巧动作，还可即兴发挥，打出许多花样，使运动者享受到无穷乐趣，达到运动身体、娱乐的目的。同时，太极柔力球亦具有良好的观赏性。

4. 毽球

踢毽是我国独特的民间大众体育运动，有着悠久的历史，在 21 世纪初逐渐演变成毽球运动。毽球运动所需场地不大，器材简单，练习节奏可快可慢，运动强度可大可小，适合于不同年龄、性别和体质水平的人活动。同时，毽球具有趣味性、竞争性和观赏性，深受国内城乡男女喜爱，并流传至东南亚。1984 年，国家体委正式将毽球运动列入全国正式比赛项目，使古老的毽球运动焕发了青春。

毽球运动的用具分毽球和花毽两种。毽球场地为长方形，长 12 米、宽 6 米，中线将场地划分成相等两部分，在垂直线上挂有长 7 米、宽 76 厘米、网孔 2 厘米见方的球网。网高男子为 1.60 米，女子为 1.50 米。比赛时每队由 6 人组成，上场队员为 3 人，每名队员除手和臂以外，身体任何部位均可击球，但全队一次最多只能有 3 人次 4 次击球机会。同时，每个队员不得连续击球 3 次，球不得在队员身上有明显停留。比赛没有时间限制，每局得 15 分并同时超出对方至少 1 分为胜一局，比赛采用 3 局 2 胜制。花毽即花样踢毽，其基本踢法有盘踢类、缠绕类、静止类、跳跃类4种，基本动作有平踢、拐踢、蹬踢、绷踢、交踢、砸踢、骗踢、落踢、抄踢等。

5. 球类运动健身途径

球类运动的历史渊源是游戏。在远古时代，人们在劳动之余，出于休闲娱乐和侍奉祭祀的心理需要，常常会利用某些充气或实心的圆形物件进行比赛或表演活动，逐渐形成最初的“球类运动”。在人类历史的发展进程中，人们创造了许许多多的球类运动形式，譬如与足球起源有着密切联系的蹴鞠，就产生在两千多年前的中国。今天，以“球”为运动媒介的活动更是项目繁多，难以数计。在竞技运动领域，球类运动项群是这一家族的重要成员，既是奖牌大户，又充满无限魅力。在各类学校体育活动中，球类运动是学生普遍喜爱的活动内容之一。各种球类活动项目，也逐步成为广大中老年人十分喜爱的健身活动项目，满足着各类人群的不同需求。

球类活动的最大特点，是具有浓厚的游戏性（即娱乐性），能极大地提高人们的活动和欣赏兴趣。任何群体的人们，无论男女老少，均可对球类活动乐此不疲、流连忘返。同时，球类活动常以竞争和群体的方式进行，不仅能有效地培养人的勇敢、顽强、果断、机警等意志品质，而且能极大地增强人们的参与意识，陶冶人的情操，培养人的竞争意识、群体意识和审美意识。此外，各种球类运动由于其项目特征不同，负荷特征也迥然有异，可以满足不同类型人们的特定要求，如青少年可参加强度较大的足球、篮球运动，中老年人则可参加强度稍小的网球等运动。

(1) 网球运动

网球起源于法国，经不断演化，逐步形成具有明确比赛规则和裁判方法的现代体育项目。打网球需要专门的场地、设备和球拍，运动者也要有专门的服装、鞋袜和一定的训练水平，这就对运动者的身体、技术和经济条件等提出了较为苛刻的要求。直到今天，网球在我国仍是“时髦”的运动项目。

网球属于间歇性运动项目，移动击球时以有氧与无氧混合的负荷方式以及以有氧运动与休息相交替，故从健身的角度出发，它属于中等或较轻缓的运动项目，对发展人的力量、速度和耐力均有一定的作用。同时，网球对提高人的社交能力、扩大生活范围、培养人的多方面情趣也具有一定的意义。

网球以技术动作为基础，以战术运用和比赛表演为刺激因素，实现其自身价值。网球技术包括握拍方法和击球技术等，后者又可分为击落地球、截击空中球和发球三类，各类技术还包括许多专门动作或练习。网球比赛可分男女团体、男女单打、男女双打和混合双打等。

(2) 羽毛球运动

羽毛球发端于意大利，现代羽毛球运动起源于英国。羽毛球运动的器材设备简单，场地面积不大，便于开展，男女老少都可参加，在室内外均可进行。羽毛球运动又是一项较为激烈的健身运动项目。击球时球的飞行有快慢、高低、远近、飘转及力量轻重等变化，这就不仅要求运动者具有较好的力量、速度和耐力，而且步法要灵活、反应要敏捷、技术要全面、战术要娴熟。因此，羽毛球具有较高的观赏和运动价值。

作为一种健身运动项目，打羽毛球只需两只拍子和一只球，有两人即可进行。它对场地条件的要求也较低，一般大厅、过道、广场、校园、公园等均可。羽毛球的最大特点是活动量可因人而异。一般中老年人可以不划分场地、不挂网、不限时、不计分地进行练习，故受广大中老年朋友欢迎。

(3) 乒乓球运动

乒乓球运动起源于英国，是由网球派生出来的。19 世纪后期，英国的有些大学生从网球运动中得到启示，在室内以餐桌为球台，用橡胶或软木作球，在桌上打来打去，后经改进而成乒乓球。我国乒乓球运动在竞技场上长盛不衰，在广大人民群众中也十分普及，因而有了“国球”的美誉。

乒乓球一般在室内进行，对器材设备要求简单，不受年龄、性别和身体条件的限制，具有广泛的适应性和较高的运动价值。乒乓球仍属全身性运动，在生理特点上以有氧代谢为主，故对发展人们的上肢力量、反应速度和全身耐力有利。同时，由于运动时球体小、速度快，有利于发展运动者的灵巧、协调和爆发力。在与同伴对练中，不仅提高了运动的情趣，也可以有效地发展人的机警、果断、竞争和交往能力。对普通运动者来说，把乒乓球作为健身运动项目，首先要掌握正确的握拍方法。不少中老年人喜欢用直握拍法，指导他们打球时，要求其先不要学扣杀，用拍子将球推到对方球台即可。经过一段时间的运动，技术逐步提高后，就可以学习发球技术、进攻技术、扣杀技术和某些战术了。为了提高兴趣，也可以进行比赛，但要根据运动者的身体特点和技术水平，合理掌握其难度。对乒乓球练习时的强度也要有所控制，心率一般应保持在 140 次/分钟以下。

6. 体操舞蹈运动途径

从体育发展的渊源来看，体育可分成两种：自然体育和非自然体育。体操和舞蹈运动手段是按照体育运动活动的需要，由人工创编的肢体运动，属于非自然体育的范畴。从现代运动项目的发展趋向看，非自然体育也和自然体育一样得到飞速的发展。现代体操不仅是竞技运动的重要领域，更是大众健身的重要内容。大众健身中的体操主要包括：徒手操、器械体操、健美操、广播体操、医疗体操等。舞蹈属于文化娱乐活动的范畴，其历史十分悠久，随着社会文化活动的源起、发展、繁荣而不断兴盛。在现代社会里，舞蹈中的一支——体育(健美)舞蹈，具有十分明显的身体文化特征，正日益受到人们的青睐。

（1）广播体操

广播体操是一种典型的全身性徒手操。它是通过广播音乐节奏来指挥群众进行徒手运动的运动手段。

1951年，全国体总、教育部、卫生部等发出《关于推行广播体操活动的联合通知》，要求在全国逐步建立起广播体操制度。1954年和1955年，国家体委及有关部门分别发出联合通知，先后推出了少年广播体操和儿童广播体操。到目前为止，我国已经先后推出了九套成人广播体操以及相应的少年和儿童广播体操。

广播体操一般包括上肢、下肢和躯干等各个部位的练习，由8～12节组成，含有屈伸、举振、转体、平衡、跳跃等各种动作。一套广播体操要求在5～6分钟的时间里使身体的各个部位、各部分的关节、肌肉、韧带都得到运动。经常从事广播体操运动，有利于增强骨骼、肌肉、韧带和内脏器官的机能，发展一般身体素质，培养节奏感和身体的协调性。实验证明，做广播体操的运动强度约在100～120次/分钟之间，是一般运动者均能接受的有氧运动强度，因而对改善运动者的心肺功能极为有利。此外，做广播体操还有助于形成正确的身体姿势和良好的体态，放松大脑，提高工作效率。

在一天的任何时间里，均可做广播体操。清晨起床后做操，能使人从抑制状态很快进入兴奋状态，调动身体各部位机能活动起来。工间或课间做操，可消除工作和学习中的疲劳。工作后做操，能起到积极休息作用，加速体力恢复过程。我国许多单位、机关、学校均有做广播操的传统习惯，在雄浑有力、节奏鲜明的音乐伴奏下，全体员工甩甩胳膊、扭扭脖子、伸伸腿，节奏鲜明，整齐有序，对激发运动热情、取得运动效果有十分积极的作用。即使条件不允许，无音乐伴奏，找一空地做几节操，对缓解疲劳、放松大脑也有好处。

（2）健美操

健美操在我国是体育运动的一项新兴项目，深受广大群众的喜爱，已成为社会体育运动的重要内容。它融体操、舞蹈、音乐为一体，经过再创造，按照全面协调发展身体的要求，组编成操。在音乐伴奏下，通过反复练习，达到增进健康、培养正确体态、塑造美的形体、陶冶美的情操的目的。

目前国内外流行的健美操大致可分为六类：按不同年龄编制的系列健美操；培养姿态和塑造形体的健美操；运动身体各部位的健美操；徒手或轻器械健美操；按不同性别编制的健美操；按人数多少编制的单、双人或集体健美操等。

健美操动作难度低，重复次数多，它采用各种体操和舞蹈的基本动作创编而成，并配以节奏明快的音乐，使练习者轻松自如，再现自我。具有一定体操基础的运动者也可随着音乐节奏创编适合自身的健美操动作。

（3）健美舞蹈

尽管舞蹈包括丰富的身体动作，但其内涵仍属于艺术活动。自古以来，“舞”既是一种文化活动的结晶，又是表达思想感情的特殊方式。健美舞蹈与一般舞蹈的根本区别在于其主要目的是增进健康、增强体质。健美舞蹈多是传统健身术、民间舞蹈、日常生活动作与音乐相结合的产物。将身体动作与音乐融合在一起，可使人跃跃欲试，产生欢乐而振奋的情绪。因此，健美舞蹈具有广泛的群众基础。

（四）自然力运动途径

人体与自然的关系，有一个内外环境的统一和平衡的问题。人体不仅要增强机体功能，在各种自然环境条件下求得生存，而且应该利用各种自然因素（自然力）进行身体运动，以提高自身适应能力，增进健康和增强体质，由此衍生出某些自然力运动手段，如日光浴、空气浴和水浴等，俗称“三浴”。人类在其生命长途中，时刻都与日光、空气、水打交道，但它与以强身健体为目的的“三浴”相比较，却有着很大的不同。

1. 日光浴

太阳给地球带来光和热，使人类得以繁衍生息。太阳光是人体生长发育、健康成长必不可少的重要条件。日光浴是按照特定的需要和要求，使人体皮肤直接在太阳下照晒，达到增强体质的目的。

太阳光分为可见光（白光）、红外线、紫外线三种。可见光（白光）是由红、橙、黄、绿、蓝、靛、紫七种颜色光混合而成的复合光。红外线和紫外线是肉眼看不见的光线，它们对人体同样有着重要的作用。

红外线对增进健康的作用，一是产热，二是促进新陈代谢。红外线经过皮肤和皮下组织的吸收，使这些组织的分子或原子发生旋转、振动，其结果是使光能变成动能，最终变为热能，使皮肤的皮下组织温度升高，促使局部血管扩张、血流加速，促进新陈代谢，进而提高细胞的机能水平。

紫外线与人体健康的关系更为密切。紫外线具有很强的杀菌能力，在它的作用下，一般病菌在阳光下直射几十分钟便会死亡。因此，人体在阳光下照射，可以增强机体的免疫力。紫外线可使皮肤里的黑色素增多，使皮肤变得黝黑、皮肤表皮增厚。黑色素具有吸收阳光各种成分的机能，从而使皮肤对外界的机械、化学、温度的抵抗力得到增强，屏障作用得以提高。紫外线照射还能促进骨骼正常生长。在紫外线的照射下，可使皮肤里的脱氢胆固醇转变为维生素 D，从而促进钙、磷的吸收。因此，日光浴能防治软骨病和佝偻病。

2. 空气浴

空气浴是指人裸露身体或穿着单衣裤而让空气“沐浴”身体。空气浴的作用主要有两个方面：

(1) 提高人体对外界环境的适应能力

空气浴主要是利用气温与皮肤温度之间的差异形成刺激，使体温调节功能更加完善，以适应外界环境的变化。

体温调节能力，即通过产热、散热保持平衡的能力。当人体受冷空气的刺激时，通过神经反射，体温调节机能便随之活跃起来，表现在新陈代谢加快、产热过程加强、散热过程减弱，使体温消耗降低到最低水平，机体在冷环境下产热、散热保持平衡。人体具备了迅速产热和控制散热的能力，一旦遇到气温骤然下降的恶劣气候，也能适应而不至于生病。

(2) 改善血液循环

新鲜空气中氧气丰富、阴离子浓度高，使人血液循环时氧的含量提高，能提高新陈代谢水平，增强机体的抵抗力，预防呼吸系统的各种疾病。如果在高原运动，由于空气稀薄、氧分压低，为了获得足够的氧气，呼吸肌自然要加强收缩效率，这样就可提高呼吸机能水平，增大肺活量。

根据所浴空气温度的不同，可把空气浴分为冷空气浴(温度为 6～14 ℃)、凉空气浴(15～20 ℃)、中等温度空气浴(21～25 ℃)、暖空气浴(26～30 ℃)和热空气浴(30 ℃以上)。对于运动身体来说，主要应采用冷空气浴和凉空气浴。

进行空气浴有两种方式：一是结合生产生活进行，如增加户外活动时间、开窗睡觉、体力劳动时少穿衣服等。这是最简便、灵活的方式，它不受地区季节及物质条件的限制，随时随地都可有意识地进行。另一种是在一定时间、专门地点进行的空气浴运动。

3. 水浴

水是运动身体效果十分显著的一种物质。水浴是水运动的一种，它是利用水的温度、机械作用和化学作用来运动身体的手段。

经常进行水浴运动，对增强体质和预防疾病大有裨益。机体受到水的刺激，会引起一系列有益于人体健康的变化。

水能增强肺组织的弹性和胸部的活动能力，水可以使心肌受到运动，改进心血管系统的功能。通过冷水浴运动，可以调动身体里的血液参加循环，增加氧气和养料，促进新陈代谢。由于冷的刺激，要加快血液循环，就需要加快心跳的次数，增加每搏输出量，从而使心肌得到运动。冷水浴还可以增强皮肤的抵抗力。通过冷水的刺激，改善皮肤的血液循环，加强对皮下组织的营养供应，皮脂腺增加，这样可以使皮肤柔韧润滑、富有弹性。

冷水浴可以增加血管弹性。皮肤受到冷水刺激，皮肤的血管急骤收缩，血管口径变细，大量血液被驱入心脏和深部组织。此时，内脏血管扩张，之后皮肤血管又扩张，大量血液又从内脏流向皮肤。在一次冷水浴运动过程中，周身血管都将参与这种一张一弛，人们把它称为“血管体操”，这就可以增强血管的弹性，防止血管壁硬化而产生高血压，防止胆固醇在血管壁沉积而产生动脉硬化和冠心病。

冷水浴有多种方式，作用较温和的有冷水擦身、洗脸，其次是冷水冲洗、淋浴、盆浴，影响最剧烈的是冬泳。要根据个人的身体状况和耐寒能力灵活地选择冷水浴的方式。

（五）健身器械运动途径

由于世界范围内大众健身运动特别是健美运动的普及，使得以前作为竞技运动手段的许多体育器材也逐渐转向大众体育领域。另一方面，人们已经研制出了许多适合健身运动需要的体育器材，这样就形成了一类新型的健身运动途径——健身器械运动途径。现代健身器械已经走出了狭隘的健身中心，向大众化、家庭化的方向发展。

1. 常用体育运动器械与功能

(1) 哑铃系列

哑铃是最为常用、最为方便和最为有效的健身健美器械之一。哑铃分为固定重量哑铃和可调节重量哑铃两种。它们大都由金属或非金属材料浇铸或切削加工而成。哑铃的练习方法多种多样，有单手握铃练习和双手同时握铃练习，也有将哑铃套在脚腕部进行练习等。运动者可根据自身具体情况选择不同的练习方法。

(2) 壶铃系列

壶铃的外形像一只壶，是用生铁浇铸而成的。壶铃的重量由 1 千克到 50 千克不等，人们可根据需要选择不同重量。运用壶铃进行健身健美运动时，可用单手或双手握住壶把来完成各种不同的练习动作。练习方法主要有单手握铃和双手握铃，完成屈臂、弯腰、体侧、纵跳等动作，以此来发展臂部、腰背部和腿部等部位的肌肉力量。

(3) 杠铃系列

标准的杠铃是由横杠、杠铃片和卡箍三部分组成的。国际标准杠铃要求横杠长度不超过 2.20 米、直径 0.28 米，两个内卡箍之间距离为 1.31 米，最大的杠铃片直径为 0.45 米。卡箍每个重 2.5 千克，由特制钢材制成，它可以固定横杠和杠铃片。杠铃片的重量和颜色有特殊规定。还有各种小杠铃和棒铃，重量各异。运用杠铃进行力量练习的方法很多，练习者可根据运动部位的不同选择具体的练习方法。一般主要有双臂推举杠铃、提拉杠铃和肩负杠铃进行转体、体屈、下蹲和跳跃等练习。

（4）拉力器系列

拉力器根据其产生拉力的特点可分为橡皮筋拉力器、弹簧拉力器和滑轮配重拉力器几种。橡皮筋拉力器的阻力主要产生于橡皮筋被拉长时的弹性收缩力，增减阻力主要靠换用不同弹性的橡皮筋或多股橡皮筋一起使用。弹簧拉力器的阻力来源于钢丝簧被拉长的弹性收缩力。这种拉力器制作成本较低，可广泛适用于广大健身健美运动者。滑轮配重拉力器主要由定滑轮、配重块和钢丝组成。一般固定在墙上或金属架上使用，用“插销”来自由调节重量。拉力器也适合于运动员的专项力量训练，因此应用面非常广。

2. 专项力量练习器械与功能

（1）力量练习架

主要依靠人体自身的重量在各种支架上进行练习。最早是用单杠、双杠、肋木等器械进行，后逐渐改进成为各类专门的健身练习架。

① 臂屈伸练习架

这是根据双杠原理设计出来的，该器械的结构较为简单，是将U形杠和主体立柱焊接一体而成。基本练习方法是：屈臂支撑在U形杠上，然后以肱三头肌和胸大肌的收缩力向上推撑至两臂伸直，再屈臂还原。上推要快而高，下落应慢而低。

② 腹肌练习架

这是主要用于发展腹部肌群的健身器械。它是由一块长约2米、宽0.5米的海绵斜板靠在“目”字形主体架上构成的。斜板上端装有海绵横轴。“目”字架上的高低横梁用来调节斜板的角度。练习者仰卧在斜板上，两脚勾住斜板上端的横轴，两手或抱颈或上举或贴体侧，做仰卧起坐练习。也可两手握横轴，做直腿或屈膝上举。

③ 举腿架

这是用于发展腹部及臂部肌群的健身器械。它由挂臂支架、靠背板和主体立柱组成。挂臂支架呈U形，两侧各有一块海绵垫，两端上弯为握把。练习者位于举腿架中间，双臂支撑在海绵垫上，两手握竖把；然后用力将双腿上举至腹肌完全收缩。如腹肌力量差，可先做屈膝举腿；若腹肌力量强，可在小腿上附加重物。举腿架还可用来做双臂屈伸、挂臂耸肩、悬垂举腿、屈体团身等练习动作。

④ 卧推架

卧推架是专门用于进行卧推练习、发展胸部及臂部肌群的健身器械，由长凳与凳端两侧的Y形支架组成。支架用来放置杠铃。练习者仰卧在长凳上双手推举不同重量的杠铃。

⑤ 举踵架

举踵架是主要用于发展小腿后部肌群的健身器械,有站立举踵架和坐式举踵架两种。站立举踵架呈L形,人站立其下,双肩扛住与下端配重片相连的U形肩托,向上做提踵动作。坐式举踵架是在架下安放一坐凳,练习时人坐在凳上,将两大腿置于与配重片相连的T形架下,反复做提踵练习。

(2) 专项力量练习系列

这类健身器械除了能进行肌肉力量练习外,还能够进行有氧耐力能力的练习,具有多种练习功能。

① 健身车

健身车全称是“固定健身自行车”,是当今广为流行的一种室内健身器械。

健身车可以使腿部和臀部的主要肌群的力量和耐久力得到锻炼。蹬车时,由于臀大肌和大腿后群肌的牵拉,使髋关节、膝关节和踝关节得到充分活动。健身车还能提高呼吸系统和心血管系统的功能,增强髋关节、膝关节和踝关节的灵活性和柔韧性。此外,健身车运动属有氧运动,对于肥胖者的减肥运动效果较为显著。

随着科技的进步,健身车已达到自动化控制的水平,车把上的屏幕会显示出各种数据,如心率、呼吸频率、时间、速度、距离及耗能等。这些数据便于运动者及时掌握运动量和调整自己的运动强度。有的车上装配的彩色荧屏中还能显示出不同的风景画面,令运动者心旷神怡,不感乏味。

② 跑步机

跑步机也称步行机、健步机或平跑机,是目前十分流行和有效的室内健身器械。跑步机可分为平板式、电动式和磁控式。平板式跑步机是靠运动者自身的动力来带动跑步带运转的;电动式跑步机主要靠电机驱动;磁控式跑步机则是通过运动者克服磁控阻力来完成练习。从功能上来分,有单功能跑步机和多功能跑步机两种。

单功能跑步机主要具备跑、走功能,运动者完全靠两腿交替前移进行跑步或走步练习。所以,不仅能有效地提高腿部力量和人体的平衡与协调能力,促进血液循环和新陈代谢,而且还可以极大地增强心肺功能。由于跑步是一项有氧运动,所以跑步机练习是最佳的减肥方法之一。

多功能跑步机是在单功能跑步机的基础上,增加了划船、蹬车、腰部扭转、俯卧撑、按摩等功能,有的还配有电子显示器。它的主要特点是一机多用、占地不大、上下兼顾,既能满足身体全面运动的需求,又避免了单一运动方式的枯燥。

③ 健骑机

健骑机又叫健身骑马机，集健身、娱乐、康复于一体，是当今颇为流行的一种健身器械。健骑机造型别致，基本结构以杠杆原理巧妙地连接组合而成，主要部件有支架、骑座、扶手和脚蹬架(脚踏板)等。健骑机不仅可以作为专业运动员的训练器械，也可以作为大众健身的家庭健身器，是养生、娱乐、康复、保健的理想运动器械。健骑机的主要功能是运动上下肢的肌肉力量，增强心肺功能和消除多余脂肪，达到减肥效果。由于采用低冲设计，因此在进行健骑机练习时能有效地减低运动对踝部、膝部和背部造成的劳损。

练习者坐在骑座上，双臂前伸握住扶手，两脚踩在脚蹬架上，然后双臂后拉，同时两脚下蹬，身体由屈而直。随着身体上下起伏与脚蹬位置的变换，练习者仿佛驾驭着一匹骏马，完全摆脱了单一和枯燥的感觉，对练习充满了兴趣。

3. 综合健身器械与功能

综合健身器又称多功能健身训练器、联合健身器或多功能组合机。它将多个单项健身器械巧妙、合理、有机地结合在一起，可在一个主机上有多种运动的功能。

综合健身器多属拆变式的组合，它的主体结构是由优质钢材加工而成的，其他部件由钢材、铸铁或塑料等材料制成，表面喷漆或电镀。

根据设计原理的不同，有不同类型的综合健身器，少至三四种功能，多到40种以上的功能。

综合健身器具有体积庞大、功能齐全、使用范围广、训练内容全面等多种优点，可谓“一机一个健身房”。它既适合于一般人进行健身健美运动，也是专业运动员进行力量训练的常用器械。它不仅能对人体某个部位进行专门性的局部训练，也能对人体的各部位肌群进行循环性的全面运动。它的最大特点是可容纳多人同时进行不同体姿和不同体位的练习。因此，综合健身器是健身健美中心、康乐城、俱乐部、专业运动训练基地、学校、机关等健身房中常见的健身器械。

综合健身器的练习方法多种多样，在运用综合健身器进行运动时，应认真了解每种器械的功能和使用方法以及练习时的有关注意事项，并要根据自己的实际情况和运动需要，制订适宜的练习计划进行合理、有效的运动。

第四章 运动与大学生体质健康促进

第一节 运动与体质健康促进

一、相关概念

（一）体质的概念

体质，顾名思义就是身体素质或者身体的质量，良好的体质是人体生命活动、工作和学习的基础，一个人的体质状况在一定程度上可以决定其生命的质量，而一个国家人民体质的状况，在一定程度上反映了这个国家的国民经济与社会发展的水平。

许多参考书上对于“体质”是这样界定的：体质是指人体的质量。它是在遗传性和获得性的基础上表现出来的人体形态结构、生理机能和心理素质综合而又相对稳定的特征。之所以有心理因素，是因为我们发现心理健康和身体健康的关系越来越密切，但是我们在平常讨论体质的时候，一般指的是形态结构和生理机能，通常不会把心理素质涵盖在内。

（二）理想体质

一般来说，理想体质是以本身遗传为基础，受后天影响，人体机构、生理功能及心理素质等都有健康的状态。下面是理想体质的理想标志：① 身体状态良好，没有器官性疾病；② 身体健康，身体形态发育状态较好；③ 心血管、呼吸等系统发育良好；④ 工作和运动能力较强；⑤ 心理健康、有较强的抗刺激的能力；⑥ 具有较强的自然和社会适应力。

以上 6 项指标中，第 1～4 项是指身体素质的，第 5、第 6 项虽然涉及心理和社会适应能力，其实是以良好的身体素质为基础的。影响体质的因素包括遗传、环境和体育锻炼因素。在制定体质改善策略的时候，我们需要明确这些影响因素。

（三）体育锻炼对体质的影响

多种研究成果显示，科学、合理的体育锻炼是人体体质不断进步的重要支撑点。体育锻炼不仅改善了人体的神经系统，还能提升呼吸和循环等系统的功能，进而增强个人机体的抵抗力。可见，体育锻炼与体质的健康发展有着不可分割的关系。

二、运动与健康促进

（一）体育运动对健康的积极影响

1. 健康生活方式与健康促进

根据美国加州大学的调查证实，相比药物的可效性，人类的日常生活方式对人体的健康有着重大的意义。体育运动与健康促进之间密不可分。根据这项调查，研究人员制定了有助于健康促进的生活方式：① 每日进行适当的体育锻炼；② 保持每日睡眠在 7～8 小时；③ 注重早餐的营养；④ 每日坚持少吃多餐的原则；⑤ 个人不吸烟，不酗酒；⑥ 保持适当的体重。

2. 体力活动与慢性病

人类在现代社会受到一切机械化的影响，运动显然已经成为一种奢侈。但是由于运动的缺乏，人体的各种机能得不到有效的磨合，各种身体慢性疾病开始袭来。人体因为缺少运动而处于一种亚健康的状态，各种如关节疼痛、胆结石、肥胖症及高血压等慢性疾病成为生活中常见病症。这些都与运动缺乏有莫大的关系。

（二）促进健康的身体运动量

运动是保持健康最有效的方式之一。经常参与体育锻炼的人，体力和精神都很好，在运动中不仅可以保证身体的灵活性，还放松心情，获得心灵的寄托，无论是工作还是生活都倍感有力。当然，运动虽然很好，但是切记要坚持适度的原则，预防过度劳累的同时要注意预防运动损伤，制订合理的运动计划，提高体质，降低发病率。

三、运动促进大学生体质健康的促进策略

（一）增设多样化运动社团

学生能否规律性参加运动与校园社团有一定的关系，所以，高校可以选择学生钟爱的运动项目，建立不同的运动社团。高校要鼓励学生参加社团，并培养学生的运动习惯，找到自己终身热爱的运动项目。

（二）增加运动器材与设备

运动设备的先进性也是吸引学生参与运动的重要因素，所以，高校在财政方面应该多倾向运动设备的购置，保证学生能获得更为优秀的运动资源，增加运动的乐趣。

（三）增进运动时的正面感受

学生如果找到适合自身的运动，那么运动便是一种享受。因此，高校应该采取相应的措施对各项运动进行细致的宣传，增加体育课的活动内容，在课堂上传递运动乐趣。这样，学生能够在运动中真正地体验运动带来的美感和动感，进而养成长期运动的良好习惯。

（四）鼓励同伴一起参与运动

在运动中，运动支持是一个不可或缺的因素，大学生的运动更需要身边朋友或同学的支持。因此，大学生在参与运动的时候可以建立团体运动的意识，积极性参与学生间的运动项目，以便促进个体的运动锻炼。

第二节　运动促进大学生个体健康的实施原则

在运动促进大学生个体健康的实施过程中，需要遵循一定的原则，主要包含体育运动育人所遵循的原则、体育运动方法方面所遵循的原则、体育运动内容方面所要遵循的原则，具体内容总结如下。

一、体育运动育人所遵循的原则

（一）将体育教育与社会需要结合在一起

任何一个国家在确定教育、教学目标和内容时，都离不开国家和教育提出的要求。虽然社会的需要和体育主体——学生的需要有很大的共性，如增进健康、增强体质等，既是社会的需要，也是体育主体的需要。把体育作为人生活中的重要内容，使人在体育中享受运动的乐趣、获得运动的情感体验、愉悦身心、满足人的生理和心理需要、促进人的全面发展等观念，越来越受到我国广大高校体育工作者的重视。因而在高校体育中，已逐步地将社会需要和学生主体需要结合了起来。

（二）将体育教学与育心集合在一起

体育教学的实质就是对于学生的身体进行教育，这一点是由体育学科自身的性质确定的。所谓育心，就是在体育教学活动开展的过程中与不同形式和内容的身体练习相结合，培养学生的心理素质与思想道德品质等，同时使学生的身心得到愉悦，情操得到陶冶。

我国高校体育教学的根本任务就是使学生身心的全面发展得到促进，而我国体育教学的首要目标就是使学生的健康得到增进，体质得到增强。同时，在对学生心理健康发展起到促进作用的问题上，尤其是要对于学生的思想品德教育加强重视。应该在体育教学的实践活动中，对于学生爱国主义思想、集体主义思想、助人为乐精神、团结协作精神、遵守纪律意识、服从指挥意识、维护公德、爱护公物等多样品质素养进行培养。

伴随我国现代化建设的推进与发展，培养现代人必需的心理素质问题就显得越来越重要了。即便国家现在已经开放了“二胎政策”，但是独生子女的数量仍旧不少，在家长的过分溺爱下，孩子们逐渐呈现出日渐严重的以自我为中心的不良倾向，对于别人不能给予一定尊重，同时，在与别人合作的问题上不擅长，且具备较差的心理素质、自我控制能力与意志力，所以，对于学生的心理素质培养进行加强具有十分深远的意义。

在我国社会主义市场经济逐步建立以后，对于优胜劣汰的机制得到人们的广泛认可与应用，每一个领域中都有矛盾与激励竞争的存在，直接加快了社会的整体运行节奏。从现实生活中人们获得了深刻的认识，即如果高校培养出的学生，自身不存在现代人应有的心理素质，那么未来想要他们能够在现代社会立足是非常不容易的，更不要说获得事业成功了。所以，在高校体育教学开展的过程中，应该加强培养学生的心理素质，主要包含的内容有自信心、自尊心、意志品质、竞争和创新的意识与能力、果敢沉着的精神、团结协作精神、开拓进取精神、自我心理调节能力与自我控制能力，等等。

高校体育培养学生的心理素质是其他学科不能与之相比较的，具有十分重要的意义。伴随我国社会经济的不断进步与发展，将体育教学和育心结合在一起的举措，也必定将会得到越来越突出、越来越鲜明的体现。

（三）将使学生体质得到增强与建立学生终身体育良好基础结合在一起

高校体育的本质功能就是使学生的健康得到增进，使他们的体质得到增强，同时，这也是对于我国体育工作进行评价的重要根据。所以，在我国高校体育教学中，对于学生身体素质的发展与运动项目的安排等问题一直比较关注。然而，近些年来，伴随我国体育教学改革的逐步推进，在对高校体育健身价值逐步重视的同时，对于高校体育的长远效益也开始重视，也就是说，建立学生终身体育的良好基础，人们的这一认识尤其是在颁布《全民健身计划纲要》以后，更加地坚定、深刻。在《全民健身计划纲要》中对学生终身体育的开展，使学生的体育意识、体育习惯与体育技能得到培养的问题进行了明确。而对于终身体育基础而言，主要包含了体育运动终身开展的兴趣、意识、能力与习惯，使学生即便是走出校门、迈入社会，也能够科学地、自觉地开展身体锻炼活动与健康的身体娱乐活动。

在体育教学的实践过程中，应该加强学生体育运动意识、兴趣、习惯能力的培养，不仅要保证学生身体素质的发展和自身体质的增强，还要培养学生的体育运动意识、兴趣、习惯和能力，同时，将二者紧密地结合在一起，同时值得注意的是，此种结合方式也是高校体育区别于社会体育的主要体现。

二、体育教学方法需要遵循的原则

（一）将统一安排和自主活动结合在一起

现阶段，我国还是一个发展中国家，高校体育教学的发展水平仍需要提高，同时，体育场地器材也需要加强建设，对于这样的情况想要一朝一夕就进行改变是非常困难的，为了使高校体育教学目标顺利达成及有序地开展各项体育活动，各高校或者班级统一安排、组织、开展了运动会、课外体育活动、课间操、早操、体育教学活动等，同时，又针对不同形式的各种体育活动，在对象与情况不同的情况下，为学生留出了一定的时间来自主活动。

（二）将严格的组织纪律和生动活泼的体育氛围结合在一起

严格的纪律与严密的组织，是对学生良好学习作风与组织纪律性进行培养的重要因素，同时也是实现体育各项目标与保障安全的必要因素。在高校体育场地器材存在普遍不足的情况下，如果想要对高校体育各项活动的有序开展做出保证，就必须具备严格的纪律与严密的组织。在高校有限的师资力量、有限的教学时间与不足的场地器材下，如果想要保证体育教学的顺利开展，就需要具备严密的课堂组织与严格的纪律，进而保证良好教学效果的获得。

按照高校学生的身心特点对一个生动的、活泼的体育氛围进行营造，由广义的层面上来讲，高校的整个体育氛围通常指的是体育育人的环境。而这种环境又包括了体育硬件环境与体育软件环境。其中，所谓的体育硬件环境，主要指的是体育场地、设施的建设，而所谓的体育软件环境，主要指的是全校师生的体育意识与体育舆论。此外，对于体育工作的加强，教育行政部门与学校领导应该将其作为素质教育全面推行的切入点来进行认识与对待，通过各种各样的媒介，在全校师生与学生家长中对体育的重要意义广泛地、深入地进行宣传，进而促进一种强有力舆论的形成。由狭义的层面上来讲，体育氛围主要指的是在从事各种体育活动中，学生的情感与心态，如课外体育活动氛围与体育教学氛围等。如果想要形成一个生动的、活泼的体育氛围，基础是教师和学生之间的和谐关系，手段是科学的组织方法，标志在于使学生的情感得到激发；体育氛围对于体育教师的文化素养与教育艺术存在较高的要求，保证能够师生协调、统分合理、张弛适当、宽严有度地在体育教学活动与其他的体育活动过程中发挥作用。

严格的组织纪律和生动活泼的学校体育氛围之间存在的矛盾是比较难处理的，值得高兴的是，在我国高校体育教学的实践活动中，已经有一些高校教师将二者统一，并和谐地结合在一起，进而将体育教学高度的艺术与水平表现出来。

（三）学生体育兴趣的激发和学生刻苦锻炼精神的培养结合在一起

在高校体育教学过程中，对于实践活动中对学生体育兴趣培养、激发的问题给予了足够的重视。这也是学生体育活动开展的内在驱动力，是高校学生终身体育意识与能力得到培养的重要基础，更是体育教学目标的实现需要。因此，体育教师应该按照学生的身心特点，对高校体育的活动方式、组织方法和教学内容进行选择。

还有一点值得注意的是，大学生也存在各不相同的体育兴趣，同样的一项内容，可能这一部分大学生对此很感兴趣，但是另外一部分大学生却缺少兴趣。因此，在对学生体育兴趣的培养与激发进行着重强调的同时，还要对学生刻苦锻炼精神的培养进行重视，教育学生重视刻苦锻炼，并将其作为是对自己意志进行磨炼的过程。

（四）将课内与课外结合在一起

体育目标得以实现的主要形式之一就是体育课，需要注意的是，体育课不是实现体育教学目标的唯一形式。除了体育课以外，体育还包含课外体育活动、早操和课间操等其他的几种形式。并且形式不同，其所具备的特点也是不同的，在体育教学目标实现的过程中，也会表现出不同的倾向。然而，这样的倾向是互相补充、互相联系且互相促进的，而不是互相割裂存在的。

由系统论的角度来讲，体育系统是一个具有特定功能的有机整体，主要组成部分有课外体育活动、课间操、早操与体育课程教学活动等。作为一个人工设计的系统，如果想要使体育的整体效益与整体功能得到提高的话，就需要将课内与课外结合在一起，也就是说将课外体育活动、课间操、早操与体育课程教学等内容紧密地结合在一起，整体地进行设计。

三、体育教学内容方面需要遵循的原则

（一）将健身性和文化性结合在一起

在对体育教学内容进行选择、确定的过程中，对于活动内容的健身性需要首先进行考虑，也就是所谓的健身价值。然而，如果想要达到健身的目的，就需要

通过运动进行实践才可以,因此体育教学的内容通常以实践性内容为主。

对于高校体育教学内容而言,其健身性和文化性间所具备的相容性是非常强烈的。许多体育教学内容在具备较高健身价值的同时,还存在较高的文化机制。在体育教学实践开展的过程中,应该基于学校的办学条件与学生的具体实际出发,将二者有机地结合在一起。至于体育教学内容的健身性与文化性间的关系怎样进行处理,理论学习和运动实践之间的关系怎样处理才好,这些都是需要我们去深入研究的问题。

(二)将统一性和灵活性结合在一起

在体育教学基本要求和任务相统一原则的情况下,体育教学所具备的灵活性也将会更加强大。在课余体育训练活动、课外体育活动与群众竞赛活动中,高校通常会按照《学校体育工作条例》精神的指导,参考各自的具体情况,对于内容自行选择,对于项目自行确定。

将统一性和灵活性结合在一起,能够将我国高校不同的情况与不同的需求反映出来,这对于我国各高校在完成国家要求的学生体育基本素质的情况下开展特色化教学是非常有利的,能够在一定程度上促进自身传统运动项目与优势运动项目的形成,同时,还能够在一定的条件下,使学生的不同体育需求得到满足,使学生的体育特长得到发展。

(三)将民族性和世界性结合在一起

社会文化得到发展的一个重要特征就是民族性和世界性结合在一起。对于我国民族传统体育相关内容的教学,各院校已经开始重视,尤其是在近些年来,对于武术为主的养生等内容的民族传统体育已经得到加强,如健身拳、青年拳、少年拳、五禽戏、太极拳、八段锦、刀术、剑术、棍术、太极剑、冰雪运动、游泳、踢毽子、荡秋千、踩高跷、跳方格、跳绳、滚铁环以及各式各样的体育游戏,等等。然而,由现阶段的总体情况上而言,在体育教师业务能力的影响下,民族传统体育教学内容还需要加强。

(四)将继承性和时代性结合在一起

社会文化得到发展的另外一个特征就是继承性和时代性结合在一起。如果不存在继承,那么任何一种事物都不能得到维系,可以说没有继承就不存在发展。作为社会文化主要构成内容之一的体育,也是如此。现代体育是对几千年来人类所创造的优秀体育文化的继承,并且得以发展。

从体育内容上来讲,我们对于能够同我国学校实际相符、存在较好健身效果、组织开展方便、学生乐于参与的内容应该尽可能地选择与使用,如武术运动、篮球运动、足球运动、羽毛球运动、乒乓球运动、体操运动、游泳运动,以及其他的一些具有地方特色和民族传统的体育运动项目。

从外国引入的舞蹈运动、网球运动、艺术体操运动、韵律操运动、健美操运动等，使学生获得了体育欣赏、休闲体育、娱乐体育、竞技体育、锻炼与营养、奥林匹克运动、体育锻炼与心理健康、身体评价与自我监督等多个方面的知识。上述的这些内容所具备的时代气息是非常强烈的，深受高校学生的广泛喜爱，使得体育教学的内容得到极大地丰富，进而使高校学生的体育文化生活得到活跃。

第三节 运动促进大学生个体健康的科学运动计划与安全

一、科学运动的原因

健康，乃人类景仰与追求的目标；健康，也是人们生活的基础。可以说，“生命在于运动，运动要讲科学”，科学运动才是体育运动的必由之路。

科学运动可以达到控制体重、改善心理健康状况的目的。科学运动对心理健康的改善，与心理疗法和药物治疗有同等的功效。

科学运动可以降低血压和调整胆固醇、降低心脑血管病的患病概率。有资料显示，坚持科学运动可使患冠心病的概率减少50%，对预防中风同样有效。

科学运动可以降低糖尿病的患病概率。许多研究表明，经常坚持运动的人可降低患结肠癌、乳腺癌的危险性。有研究发现，坚持运动可使女性患结肠癌的概率减少一半。

科学运动可以预防骨质疏松，有可能降低老年痴呆症的患病概率。运动改善脑部供血量和供氧量，可提高认知功能、反应速度和记忆速度，有助于老人提高睡眠质量、改善情绪等。所以，有专家认为科学运动可降低老年痴呆症的患病概率。

二、科学运动与安全防护

科学运动的目的是增强体质，如果损害了健康，运动就没有意义了。如果运动方法不科学，会造成运动损伤；过度运动会引起运动性疾病，甚至运动性猝死等。因此，要特别强调运动的安全性，运动本身绝不能有害于健康。

科学运动是安全防护的前提，因此要选择对的运动方式。大学生在体力和精力上占有很大的优势，可以选择慢跑、游泳等中强度的运动，运动量要适中，运动后要自我监测。在运动中，安全防护非常重要。运动锻炼时，不论是初练者还是高水平的运动者，都必须注意锻炼过程中的安全防护，这是防止出现伤害事故的有效措施。运动过程的安全防护，主要是自我防护和同伴保护。

（一）自我防护

（1）开始锻炼前的准备工作：选择好服装和运动鞋、合适的运动场地、时间和方法。

（2）锻炼前一定要做好准备活动，活动一下各关节，熟悉各器械的使用方法，以避免运动中受伤。

（3）锻炼时，根据需要应戴上护具（护腕、护肘、护腰、护膝等），掌握正确的运动姿势和方法。例如，跑步过程中不应用力跺地，这样关节受到磨损的可能性就会增大，故跑步过程中应尽量轻盈。

（4）每天的运动量适可而止，不可长时间超负荷运动，刚开始运动者，更需要循序渐进。单独锻炼特别是初次锻炼者，如果锻炼时出现困难或危险，首先应保持冷静，不要紧张，然后采取有效的措施自我帮助和自我保护，解除困难或消除险情。

（二）同伴保护

参加体育运动活动时，最好结伴而练，这样既可以增加乐趣和效果，又可以互相鼓励、互相帮助、互相保护。特别是户外或郊外运动，有同伴的陪同和保护，不仅可以保证锻炼者的安全，而且可以提高锻炼效果。

三、运动促进大学生个体健康的科学运动计划

医学之父希波克拉底讲过一句话，传诵了两千多年。他说："阳光、空气、水和运动，生命和健康的源泉。"这句话的意思是说，你要想得到生命和健康，离不开阳光、空气、水和运动。而在奥林匹克运动的故乡古希腊，山上的岩石上刻了这样的字："你想变得健康吗？你就跑步吧。你想变得聪明吗？你就跑步吧。你想变得美丽吗？你就跑步吧。"那么，就请你从现在开始，着手启动一个积极的运动计划。

（一）积极培养学生的体育运动兴趣

当你被体坛巨星们那炉火纯青的运动技艺所折服的同时，或许已不由自主地对某项运动产生了难以名状的好感，真希望自己也拥有像巨星般的一招一式，有时甚至迫不及待想一试身手。我们很多人走向运动场都是因为这个原因，这是一件很好的事情，因为你是带着兴趣去进行体育锻炼的，因为有兴趣，所以你在运动中会觉得很快乐，而且因为有兴趣这个最好的老师，你会非常投入，并且提高很快。

（二）在选择运动项目之前做好评价

1. 自身评价

心血管适应力和肌肉耐力好的同学可以从事较长时间的运动，而不致产生不适和疲劳。

灵敏性好的同学不妨选择篮球、网球、乒乓球、羽毛球、溜冰以及田径中的跳高、跨栏等灵敏性要求较高的项目。

协调性好的同学选择面可以更广一些，比如健美操、武术、足球、拉丁舞，或田径运动中的跳远、标枪。

力量与爆发力好的同学可以尝试田径运动中的投掷、跳跃类项目或举重、摔跤、跆拳道。

如果你一时无法做出选择，或者你的身体素质一般，你也可以多参加各种运动，在运动中使你的健康状况和运动技能得到逐步提高，同时寻找适合你的、你最喜欢的体育运动项目。

还有一点请牢牢记住，兴趣永远是最好的老师，信念则是兴趣的拐杖。只有基于信念的兴趣才会引导你去经常阅读相关书籍，了解你所选择的运动方式的有关知识。这对你制订和实施一个可行的“攻略计划”大有帮助。而那些仅凭满腔热情，对成功又抱有过高期望的人往往最容易半途而废。

2. 客观条件评价

在选择运动项目之前，除了对自身的体能状况进行评价之外，还要考虑到客观条件的限制。比如，作为一名在校的大学生，要选择高尔夫球作为主要的锻炼项目就不太现实。另外，在一些条件普通、没有室内游泳池的校园里，如果在秋冬季节想要游泳也非常困难。因此，很多时候兴趣是要向客观条件妥协的。当然，如果你喜欢的运动项目是足球、篮球这样的大众项目，就基本上不会受到运动场地等条件的限制。

（三）使学生的运动技能迅速提高的方法

1. 基本功练习

千万别奢望一步登天，万丈高楼起于平地，学习运动技术一样要从最基本的技术开始，打好基本功比什么都重要。为了有一个好的开端，你不妨向老师、同学请教或者经常观摩高水平竞赛。有益的提示和耳濡目染可以让你少走许多弯路。也许你看过曾经风靡一时的日本励志漫画《灌篮高手》，里面的主角樱木花道同学在刚刚加入学校篮球部的时候，是一名彻头彻尾的新手，当其他队员开始在场上练习的时候，他只能在俱乐部经理彩子学长的监督下在场边苦练运球等基本功，然而正是由于扎实的基本功练习才使得他进步神速，在后来的比赛中起到了决定性的作用。

2. 良好的身体素质奠定了提高技能的基础

要掌握高超的运动技能，离开了良好的身体素质是难以达成的。好的身体素质定会为你运动技能的全面提高推波助澜。好的身体素质实际上指的也就是较强的体能。其实，运动技能的提高和体能的改善是相辅相成的，但是由于许多运动项目对于体能改善的作用总是不那么全面，因此，平时有意识地进行一些基本的体能训练是很有必要的。慢跑、游泳、到健身房里进行力量训练等运动是提高身体素质很好的形式。同时，也要积极地给自己创造活动的机会，因为模仿是提高运动技艺的最佳途径。

如今各种运动赛事的电视转播可谓应有尽有，运动员将无懈可击的技艺毫无保留地展现在你的眼前，他们的一招一式其实是最生动、最直观的示范。如果你留心周围的一些运动高手，会发现他们大多并无教练指导，而是沉迷于意甲、英超、NBA、CBA的比赛中，潜心模仿，从中汲取养料。如果你对此尚存疑虑，去问一下那些街舞高手，哪一个不是从模仿起步的呢？

当你初步掌握了某项基本技术，往往会产生盲目乐观的心理。假如你的技术仍存在某些缺陷，而自己却浑然不知，一味操练下去很有可能形成错误的定型。此时应当勤学好问，请行家或教练帮你做个技术诊断，当你充分了解了自己的优势和缺陷时，技术的完善将指日可待。

3. 勤于思考，表象练习

下面介绍几个表象练习的方法。

(1) 卧室练习

现在你在学校里，表象一下家里你自己的卧室中的陈设，如果你站在房间门口，所看到的将是怎样的景象？床在什么位置？上面铺着什么颜色的床单？被子有没有叠好？是否整齐地放在床的一端？枕头的颜色是否和床单配套？你还记得起来那种松软舒适的感觉吗？枕头边上是不是放着你最爱看的杂志？床边桌子的样子是怎样的？桌子上的台灯是否点亮？你是否还记得在这盏台灯下面读书的感觉？

卧室实验练习的目的是引起对过去事物的鲜明的形象性的视觉回忆，要特别注意各个细节的清晰呈现。

(2) 木块练习

想象有一块六个面都涂了红漆的方木块，就像小朋友玩的积木。

首先用刀将其横切，一分为二，想象一下，这个时候有几个红面？几个木面？

然后用刀纵切，二分为四，这时候有几个红面？几个木面？

在右边两块中间纵切一刀，四分为六，这时有几个红面？几个木面？

在左边两块中间纵切一刀，六分为八，这时有几个红面？几个木面？

再在上部四块中间横切一刀，八分为十二，这时有几个红面？几个木面？

再在下部四块中间横切一刀，十二分为十六，这时有几个红面？几个木面？

这种练习的目的是提高对物体形象的操作能力和分析能力。应当注意不要用数学方法推导出答案，而只是凭着表象操作。

(3) 冰块练习

假想在一次篮球比赛中，你不小心把脚崴了，疼痛难忍。回到宿舍后可以用冰袋敷在脚踝上，疼痛感逐渐消失。然后你将冰袋拿走，脚仍觉得没什么，和刚才一样。过一会儿，脚又慢慢有了感觉，似乎是又开始产生些微的疼痛，隐隐作痛。

这种练习的目的是主动唤起强烈鲜明的身体感觉。

(4) 五角星练习

准备一个五角星，五个角的颜色分别为黑、红、蓝、黄、绿。将黑角指向数字1、红角指向数字2、蓝角指向数字3、黄角指向数字4、绿角指向数字5，作为基本位置。

让练习者用1分钟的时间观察并且记住五角星的基本位置。

然后让练习者闭上眼睛并且一一回答下列问题，记录提出问题结束至做出正确回答之间的时间。

① 如果黑角指向数字4，蓝角将指向几？

② 如果黑角指向数字3，红角将指向几？

③ 如果黑角指向数字5，黄角将指向几？

④ 如果黑角指向数字4，绿角将指向几？

⑤ 如果黄角指向数字2，蓝角将指向几？

⑥ 如果蓝角指向数字5，黑角将指向几？

通过上述的表象练习，可以更好地把你的思想和身体感觉紧密联系在一起，这对于运动技能的提高非常有帮助。

4. 熟能生巧，巧可催熟

要使某项运动技艺达到驾轻就熟的程度，必须花气力反复练习，同时还需要开动脑筋，仔细思考自己进一步提高的方法。其实总结下来，运动技能提高的要诀就是6个字：模仿、重复、反馈。通过模仿，你可以学习最正确的运动技巧；通过不断重复练习，你可以形成动作程序的自动化，使得你从明星那里模仿来的技巧真正变成自己的本事。如果你能够获得来自自己或者他人积极的反馈，不断肯定自己的进步并且纠正练习过程中的错误的话，你的运动技巧一定会获得快速的提高。

5．合理利用单挑

在学习运动技能的过程中，要注意避免两点：一是练习时贪多嚼不烂；二是迫不及待地想与“高人”过招。这样，一来容易破坏原有技术的熟练定型，二来常会因失败而挫伤自信心。参与网球、篮球等球类运动往往最容易出现这种现象。

在篮球中比较盛行“one on one”的比赛形式，而且像乒乓球、羽毛球、网球等项目本身的主要运动方式就是单挑的形式。因此，在学习运动技能的过程中，单挑不可避免。而且，如果利用得当的话，单挑对于提高运动技巧是非常有效的，其关键就是如何对于单挑结果进行归因。要避免的归因方式是胜利了得意扬扬，失败了自信心受挫，要提倡的是一种“胜不骄、败不馁”的单挑归因方式，不断通过单挑找出自己的弱点，正如迈克尔·乔丹曾经说过的那样：“把弱点都转化为自己的强项，你就不可战胜了。”体育锻炼中如此，人生中的其他领域也应当如此。

（四）保障学生体育运动开展中的安全性

体育锻炼在强身健体的同时，还可以带给人们愉快的情感体验。可是，运动有时对人的伤害或许远远大于带给人的益处。所以要谨慎地选择运动方式，安全地进行体育活动。并非所有的运动对所有的人都适合，只有适合你本人身体适应能力的体育活动，并且科学合理地控制运动过程，才可避免“风险运动”给你造成的伤害。关于运动损伤的防治我们会有专门的章节另作讨论，在此不再赘述。

1．不断增加运动量和强度

体育锻炼时运动量不同，在人体内发生的变化也不同。例如在中等强度活动时，脉搏频率为每分钟 120～140 次，如激烈运动时可达 180 次甚至 200 次。此时对于运动器官和内脏器官的影响是非常大的，可使血压升高，呼吸加快、加深，血液重新分配，代谢作用增强。要达到这些要求，都需要一定时间的适应过程。运动量的逐渐加大，可以使机体的适应过程逐渐提高，使运动器官和内脏器官的活动很好地协调起来。

另外，人体各器官系统的机能对所进行的运动必须具备必要的适应能力，使负荷不断增加而逐步得到加强。运动量不可能经过短时间的锻炼而增加很多，当人体还不具备参加大运动量训练的条件时就去参加剧烈的运动和比赛，那么机体肯定是承担不了的。

因此，在进行体育锻炼时，活动量和强度也要遵守循序渐进的原则。

2．保持足够的锻炼时间

对于锻炼时间的控制，不同体质的学生一定要有所区别。正常体质的年轻人每次运动时间不必过于限制，而一般性体质的则应该适当控制。因此，在循序渐进地提高运动强度的情况下，每次运动时间应控制在30分钟到1小时，这样既可以有效地改善心肺功能和心血管系统，还可以提高韧带的弹性和韧性，同时也能更好地促进代谢。如果每次锻炼时间太短，就达不到运动的效果。

在高校里，有很多所谓的"周末运动者"，他们大多是属于学习忙碌的大学生，周末才会去运动房锻炼。虽然运动有益身体健康，不过有的同学不能长期坚持运动，只有周末偶尔运动一下，这样反而会损害到体内器官。医学家根据调查发现，偶尔运动者吸入的氧多于经常运动者，随着耗氧增多，组织代谢加快，这会破坏人体正常的新陈代谢，使细胞衰老。而且偶尔运动者在锻炼时，体内会产生比平时高的肾上腺素等激素，使心率加快、血压升高，从而可能会诱发心脑血管疾病等。另外，偶尔锻炼还会引起延迟性肌肉酸痛。

因此，学生在周末偶尔锻炼不但无法起到锻炼身体的效果，反而会有害身体健康。

3. 科学安排运动量和运动强度

运动强度是指单位时间内的运动量，运动量是运动强度乘以运动时间。运动强度则是运动处方的核心，体现出处方的定量化和科学性，而运动量是锻炼效果和安全性的关键。为了把握好这一核心和关键，现介绍几种简单易行的确定运动强度的方法。

(1) 年龄减算法

$$\text{运动适宜心率}=180-\text{年龄}$$

如果年龄在60岁以上或体质较差，则用170减年龄。此方法适用于一般身体无器质性疾病者。

(2) 净增心率计算法

按体质强、中、弱三组分别控制运动强度。运动后心率－安静时心率≤60次/分钟，为强组；运动后心率－安静时心率≤40次/分钟，为中组；运动后心率－安静时心率≤20次/分钟，为弱组。弱组的心率适用于心脏病、高血压、肺气肿等慢性病人。

(3) 运动量百分比分级法

$$\text{净增心率}=\frac{\text{运动后心率}-\text{运动前心率}}{\text{运动前心率}}\times 100\%$$

运动后净增心率在71%以上者，为大运动强度；运动后净增心率在51%～70%者，为中等运动强度；运动后净增心率在50%以下者，为小运动强度。小运动强度在运动疗法中广泛应用，尤其适用于高血压、冠心病和年老体弱者。

(4) 运动最佳心率参照值

国内外科研成果表明,最适宜的锻炼强度在65%~75%,即心率在130~150次/分钟之间。随着年龄的增长,身体机能水平会有所下降,因而承受的运动强度也不会完全相同。年龄越大,承受的运动强度会越小。

四、体育运动计划开始前的准备工作

(一) 训练前检查和循序渐进

无论是不是运动员,在接受训练之前,均须进行身体健康检查。改进体能及健康的计划应包括体力活动、戒除陋习、营养的知识和培养健康生活习惯等。

一个良好的体能训练计划除坚守各项基本训练原则(包括心肺耐力、柔韧性、肌肉力量及耐力、身体成分)外,更要尽量避免身体因训练而产生的伤病。

训练计划应具有娱乐性,不受环境及设备的局限,而且容易进行。

训练初期,应先接受心肺耐力的训练,再渐次发展其他范畴。

在编排训练计划时,应考虑参加者可以付出的时间。

初次接受训练者及非运动员应先接受4~6星期的轻度训练,再循序渐进,逐渐增加负荷。

(二) 准备活动与整理活动

每次的锻炼活动应该包括以下三个部分:

① 5~10分钟的热身活动;

② 30分钟以上的连续性肌群活动,运动强度应要使受训者达到心跳指标;

③ 5~10分钟的整理活动。

做热身运动的时间越短,你遭遇运动伤害的概率就越大。充分的准备活动会引领你体会更多的运动乐趣。

(1) 增强神经系统的兴奋性,增强内分泌,使生理功能迅速达到最适宜程度。

(2) 增强氧运输系统的活动,使心肺功能更好地动员起来,克服自主神经系统的惰性。

(3) 使体温升高,带来一系列有利于运动的生理变化,如提高酶活性、提高血红蛋白氧释放能力等。

(4) 使肌肉温度升高,降低肌肉黏滞性、增强弹性,提高肌肉收缩效率,还可提高关节的延展性,可有效地预防运动损伤。

运动后的整理活动更应引起足够的重视。应该通过递减运动强度的方式逐渐结束运动,突然停顿下来极易使血液无法回流到心脏,使血压降低,导致头晕、恶心，甚至昏迷。放松整理的目的与热身运动恰恰相反。运动后不妨再花3～5分钟做一些整理活动，这样做可以减少肌肉的延迟性酸痛，有助于消除疲劳；使肌肉的血流量增加，加速乳酸的利用；预防剧烈活动骤然停止可能引起的机体功能失调。

（三）锻炼计划的制订过程

一个完整而且科学的锻炼计划分为以下两个部分：

1. 自我评估

一般运动者会通过锻炼对自身的效果进行评估，根据自身的健康状态做出相应的计划调整，以便提升健康水平。自我检查可以从“主观感觉”和“客观检查”两方面进行。

2. 客观评估

自我感觉不一定都正确，别人的评价有时候更客观。

虚心请教体育老师，请他们指出你的不足。

多与同伴交流，多观察同伴的技术动作，这样便于发现你存在的问题，也能发现别人的问题，帮忙指出其不足之处，并引以为戒。

在评估锻炼效果时，我们会发现这样一个有趣的现象：大多数学生总喜欢与别人比较。就锻炼效果而言，对照自身锻炼前、后身体适应力提高的幅度比盲目与他人攀比更为科学。事实上，通过自我评估，看到自身的进步并获得满足感才是最重要的。

（四）运动场所的选择

一般来讲，人们做运动的场所有两种，一种是户外场所，另一种是室内场所。选对运动场所不仅能提高运动效果，还能预防发生意外。

1. 户外运动场所的选择

可供选择的锻炼场所很多，只要是阳光充足、空气流通的地方或者空旷宽敞、污染较轻、绿化较好的地方均可作为锻炼场地。也可以根据运动项目的需要，选择室外免费或收费的运动场地进行锻炼。

2. 室内运动场所的选择

室内运动场所可分为家庭运动房和室内收费运动房，可以根据运动的需要及个人经济能力爱好进行选择。随着经济的发展和住房条件的改善，许多家庭有了运动房，购买了运动设备，这是健康生活的巨大进步。但运动房要具备一定的面积，要选择空气流通及有相应消毒措施的地方。

第四节　不同运动项目的损伤特征

运动损伤发生的类型及发生概率与从事的运动专项密切相关。不同的运动项目有其特有的运动损伤，这是专项技术要求决定的。但除了项目特有的运动损伤外，许多运动项目还有共同的运动损伤，这是由于运动员除了要进行专项训练外，还有大量相差不大的身体素质训练。本节将分项目对各种常见的运动损伤及预防做简单的介绍。

一、体操

体操包括的内容很多，在比赛项目中，男子有自由体操、单杠、双杠、鞍马、吊环、跳马6项；女子有自由体操、平衡木、高低杠和跳马4项。体操是运动损伤发生较多的项目之一，其原因主要是由于体操的动作技术较复杂，且大多在器械上练习，一旦失手就极易受伤。此外，如果器械不符合要求，保护与自我保护方法不当，训练安排不合理，如长时间大运动量的训练会使身体及精神疲劳，不仅可能会引起急性损伤，而且也是慢性损的重要原因。体操的运动损伤可以简单地分成慢性损伤和急性意外伤。在一项调查研究中，通过对337件损伤事件进行分析，其中慢性损伤约占45.5%，急性损伤约占55.5%。从损伤部位来看，以上肢最多，占42.5%，这是由于体操运动是靠上肢支撑、悬吊体重并完成各种复杂动作及超强度负重，故上肢最易受伤，尤其是肩、肘、腕部是主要受伤部位；其次是下肢，占36.7%，主要发生在膝和踝关节处，各种弹跳翻腾、器械下法落地，膝踝都要承受很大的冲击，很易引起急性扭伤；躯干部位占20.8%，主要是发生在腰部。

（一）劳损性伤

体操运动员此类损伤主要是训练过度、教学组织不当的结果。

(1) 膝的髌骨软骨病与伸膝腱膜炎、髌腱腱围炎发病原因都与跳跃及下法落地练习过多有关。

(2) 手腕及踝关节的各种慢性腱鞘炎多因手腕过多支撑用力，足过多踏跳、落地及足尖支撑所致。

(3) 腕桡骨远端骨骺损伤多因过多手支撑、长期慢性劳损引起的骨骺缺血性损伤。晚期可影响桡骨发育，造成远侧尺桡关节脱位、半脱位。

(4) 肩损伤肩袖损伤最多，多因吊环、单杠、双杠上的动作需过多转肩有关。

(5) 肘损伤最常见的是肱骨小头骨软骨骨折（疲劳性）继发骨关节病。发生率在一些集训队可高达50%，与上肢支撑翻腾训练过多有关。此症发生的重要潜在诱因多为肘外翻角过大或肘反弓角过大改变了肘的正常关节持重关系。

(6) 脊柱损伤在集训队椎体骨骺炎发病率为30%～50%，椎板疲劳骨折约为15%，其发生均与"下腰""后空翻"过多或训练手段使用不当有关。

(7) 股骨头骨骺滑脱及坏死，随着训练的低龄化，体操运动员股骨头骨骺损伤十分常见。

（二）急性意外伤

此类损伤多见于落地或失手时姿势不当而致伤。

(1) 肌腱断裂、跟腱断裂最常见，常在自由体操结束动作时出现这种损伤。寒冷、疲劳是其发生的诱因之一；其次是肱二头肌长头肌腱损伤，主因肩关节超范围的转肩活动或臂上举时突然过度背伸所致。

(2) 踝、肘及膝的侧副韧带断裂也比较常见。早期处理不当，多继发关节不稳，严重影响训练及成绩提高。

(3) 摔伤多因器械不稳固或运动员失手从器械上坠落所致。多见由头部着地引起的颈椎骨折脱位、臀部着地引起的胸腰椎骨折、腕部支撑时引起的舟状骨骨折等。

(4) 手的胼胝撕裂伤未使用皮护掌或胼胝太厚时易发生。

（三）损伤的预防

因为体操中分项很细，各个项目的易伤部位不同，下面简述在体操中各种常见损伤的预防原则。

(1) 加强腕、踝等易受伤部位的肌力训练，正确使用护具；训练腰的柔韧度时，注意发展肩、上胸及髋的后伸柔韧性，以减少腰的负担，从而减少腰部损伤；为防止高低杠的摔伤或劳损，还应特别注意加强上肢和肩部力量的练习。

(2) 严格正确使用护具，并及时更换变形或不合格的护具。

(3) 加强肌力练习，严禁疲劳情况下勉强做高难度动作。

(4) 掌握运动的循序渐进原则，逐渐增加训练运动量及动作的难度，改正不正确的动作，加强保护与自我保护。

(5) 注意严格检查器械及场地卫生，使其完全符合要求。

(6) 加强医务监督，及时发现症状不明显的损伤并对症治疗。

二、田径运动

田径运动是各运动项目的基础。田径运动中损伤比较常见，根据各种项目特点的不同其损伤的性质和程度亦有所不同。有调查资料显示，田径运动中常见损伤部位所占的比例大致如下：膝关节损伤约占 40%，跟腱、髋关节、臀部等损伤约占 15%，足和踝关节损伤约占 10%。可见田径运动的损伤主要集中在以腰、足踝、膝、大腿、小腿等为主的部位，损伤性质则大多是肌肉、腱、关节伤，而韧带、滑膜和骨伤次之。

（一）损伤部位与性质

田径运动在跑、跳、投等项目中损伤部位和性质有差异，下面分别做简单的介绍。

1. 跑类

在中高速跑过程中，足底承受着几倍于体重的负荷，力的传导作用于膝关节，使其除了承受压迫力外还受到回旋力的影响，常可造成髌骨、髌腱、膝关节周围软组织及股四头肌、股二头肌的损伤，也可因关节软骨摩擦增加而导致损伤。短跑起跑用力蹬时偶发因跟腱周围炎致跟腱断裂。

2. 跳类

跳跃动作在着地时所受到的冲击力较大，此外身体某些部位由于突然减速，冲击力的传导和吸收负荷都明显增大。如着地时股四头肌需强烈收缩，吸收冲击力以维持膝关节的稳定和角度，故膝关节应力十分集中，极易出现膝关节的韧带及半月板损伤；髌骨对股骨髁的冲击加速了髌骨关节面的软骨磨损和软骨细胞变性；跳跃背伸动作过频还可引起腰部肌肉疼痛、腰椎损伤，甚至椎弓崩裂和腰椎滑脱。

3. 投掷类

标枪、铅球、链球和铁饼等都属于投掷项目，其最易发生损伤的共同部位是肘关节和肩，故在投掷运动员中肘关节骨关节炎（投掷肘）和肩袖损伤非常普遍。因为在投掷过程中，肘关节被强制性固定在外翻位，前臂轻度旋前，肘轻度屈曲时，内侧副韧带紧张，在投掷动作一瞬间，肘内侧部位软组织极易出现轻微损伤。

（二）预防原则

（1）要注意循序渐进的训练原则，避免局部过度劳累。

（2）加强训练的组织方法、技术的理解和准备活动，纠正错误动作。

（3）严格按要求控制场地及器械的质量。

（4）加强易受伤关节部位肌肉力量的训练，增强关节稳定性。

（5）使用相应的护具，如用宽腰带可以预防由于腰过伸所致的椎板的疲劳骨折。

三、球类运动

随着球类运动的发展，球类项目的设置也越来越多。目前国内外公认的球类项目已不下 20 种，其中篮球、排球、足球、乒乓球、羽毛球、网球等在群众体育运动中尤其受欢迎。因此，球类运动引起的损伤也很常见。

（一）篮球运动

篮球运动在我国开展得非常普遍，是一项双方拼抢激烈、对抗性很强的运动，这就要求运动员要发展全面、训练有素。在篮球运动中损伤最集中的部位是腰、膝、踝。最常见的损伤是因跌倒、跳起抢球落地不稳（如踩在别人脚上或被踩），运动中的急转、急停和冲撞，场地不平或打滑所引起的急性损伤。一般常见的损伤有：踝关节韧带的损伤或骨折、膝关节的韧带及半月板损伤、手指挫伤及腕部舟状骨骨折。除了急性损伤外，在篮球运动中也可发生慢性损伤，其中最影响运动训练与技术发挥的是髌骨软骨病、髌尖末端病及髌腱腱周炎。其发生主要是在篮球运动中滑步进攻与防守、急停与踏跳上篮等使膝处于半蹲位发力所造成的。

为了预防篮球运动损伤，应注意如下几方面：

（1）加强身体全面训练，避免单一的训练方法，以免造成局部负荷过重。

（2）加强基本动作训练，学会自我保护。

（3）严格规范场地，使其符合训练或比赛要求。

（4）对易伤部位（腕、踝、膝等）要注意加强肌肉力量的训练，运动前充分做好准备活动，运动中带好必要的护具。

（5）严格裁判，禁止粗野动作。

（二）足球

足球运动除守门员外，是使用下肢运动的特殊运动项目，故足球运动损伤多集中在下肢。国外有资料显示，足球运动是急性损伤发生率最高的项目，其中轻者可以是皮肤擦伤，重者可以是骨折、关节脱位及内脏破裂。在足球运动中，急性损伤除一般的擦伤和挫伤外，最为常见的是踝关节扭伤，其次是大腿前后肌肉拉伤、挫伤，接下来的是膝关节的损伤。随着足球运动的不断发展，膝关节联合损伤（内侧副韧带、半月板及交叉韧带同时损伤）的发生率有上升的趋势。

足球运动中慢性损伤中发生率最高的是足球踝（踝撞击性骨疣，亦称骨关节炎），主要是由踝关节局部劳损所致，X 光片显示踝关节前后骨质增生。其次耻骨炎和髌骨软骨病亦很常见。通过对足球运动员损伤原因的分析显示，运动员犯规和技术动作不正确是致伤的主要原因。其次，运动员不遵守训练原则、技术不过硬、忽视使用保护装备、过度疲劳、场地不符合要求以及裁判不严也是导致运动员损伤不可忽视的原因，故损伤的预防也要针对这些方面来进行。运动员除了加强身体全面训练及遵守训练原则外，必须注意使用各种保护装置，如用弹力绷带包扎踝关节等。此外，为预防肘、膝、小腿挫裂伤，护肘、护膝及护腿的使用也是很有必要的。

（三）排球

自1895年排球运动兴起后，因其设施简单、场地较小，且适合于不同性别和年龄的人参与而使其很快在全世界流行起来。我国参与此项运动的人也很多。排球运动最常见的损伤部位是肩、膝和腰。另外，拦网时手指关节扭伤、骨折及脱位也不少见。肩以肱二头肌腱鞘炎、肩袖损伤最多，其次肩胛上神经麻痹的发生率也高达30%左右，这些损伤大多因扣空球、扣球技术不正确或过劳引起。膝伤以救球时跪地髌骨受到撞击或过劳引起股外侧头末端病、髌骨软骨病最常见。在膝急性损伤中，半月板撕裂及韧带伤较多。腰伤则多因扣球时腰过伸引起的椎板疲劳骨折、腰椎间盘突出、腰肌劳损和棘突骨膜炎。要预防排球运动中出现的上述损伤，首先应加强身体素质训练、改正错误的技术、遵守训练原则；其次应特别注意肩带、腰及膝的肌力练习；当然正确使用护腰、护膝等也很重要；改善场地卫生条件，运动前充分做好肩、腰、膝、指及腕关节的活动也不容忽视。

（四）乒乓球

乒乓球是我国的国球，因其占地少、器械易置备且老少皆宜，故在推广时非常容易。乒乓球的基本动作包括击球动作、步法和全身协调动作。乒乓球运动损伤相对来说较少，损伤相对集中在腰、膝、肩等部位，踝足部次之。据日本体育协会（JASA）运动科学研究报告，在147例乒乓球运动损伤中，占首位的是腰部损伤，为23.5%；其次为膝关节损伤，占13.4%；再次是肩关节损伤，占10.1%。

腰部损伤包括腰肌劳损和筋膜性腰痛症、腰椎间盘突出症、腰椎椎弓崩裂和滑脱等，这些都与腰肌“过度使用”和快速突然的回旋活动有关。膝关节痛多见于半月板损伤，大多由于负重在单侧下肢时躯体突然旋转造成半月板的挤压断裂及膝交叉韧带损伤。肩关节损伤主要是肱二头肌长头肌腱炎症、肩袖损伤等，这些都是由于大力扣杀、过度练习单一动作或动作技术不准确造成的。因此，合理安排训练、避免单打一的训练计划及提高身体素质训练对预防损伤至关重要，运动前下肢关节和肌肉的准备活动对预防损伤也很有好处。

（五）羽毛球

羽毛球运动在我国也很流行，它所要求的是反应的敏捷性、关节的柔软性和肌肉的爆发力。因为在运动过程中，主要由腰、肩、膝、踝等部位负重，所以上述部位易出现损伤。腰部损伤主要为腰背肌筋膜炎,其次腰椎横突末端病也较常见,主要因为在大力抽杀时腰部伸屈扭转过多所致。肩部损伤主要是肩袖损伤、大力抽杀及各方向救球,肩袖腱承受反复牵拉摩擦所致。膝部损伤多见于髌韧带上部及髌骨过劳性损害,由于反复跳跃、冲跑所造成。足踝部常有突然制动、起跳,除急性韧带损伤外,跟腱劳损甚至足舟骨疲劳骨折也有发生。预防上述损伤除加强全面训练和提高身体素质外,运动前后的准备活动和放松运动也很重要。运动前对膝周围肌群认真进行准备活动,运动后在髌韧带周围进行冰水按摩可以起到很好的预防作用。

(六)网球

目前网球爱好者日益增多,其中不乏中老年人,但网球运动者约40%患有不同程度的运动损伤。损伤的好发部位依次为脊柱腰背部、膝部、肘、腕、肩、足踝等部位。因网球运动员在场上始终保持腰前倾及膝关节半屈位状态,以便起动移位防守或进攻,所以腰部劳损性肌肉筋膜炎、膝部劳损性髌骨软骨病和髌腱末端病多发。膝、踝的急性扭伤也常发生。网球运动中无论是挥拍击球还是球击拍被动受力都很大,故肩、肘、腕部的损伤在网球运动中都很常见,如肩袖损伤、肘的内外上髁炎、损伤性滑膜炎、腕凸症等。预防上述损伤应加强上肢肌力训练及膝关节稳定性的肌力训练。

除上述六种接触得比较多且比较熟悉的球类项目外,其他如棒球、垒球运动易伤肩及肘(投掷肘);手球运动以膝部急性损伤、踝韧带伤多见;曲棍球运动因需弯腰、膝半屈位追球、击球,故其腰背肌筋膜炎最为多见,故在从事上述这些球类项目时,要特别注意预防这些常见损伤的发生。

四、拳击、散打运动

拳击和散打都属于接触、对抗性强的竞技运动,双方都有强烈的身体对抗,故运动损伤多很严重。

(一)拳击

拳击运动打击部位多集中于面部及腹部,被打击的部位发生损害是必然的,攻击者的腕关节扭伤、手骨骨折也很常见。在拳击运动中颈、脑损伤多见且损伤较重,还有急性的脑外伤、急性膜下出血、脑震荡、脑挫伤等常致伤残甚至危及生命。慢性脑损伤亦很常见,经常性头部被打击致小出血点,久之脑软化产生如步态蹒跚、神志不清等症状,还可以引起眼部视力及耳部听力损伤。骨折也是拳击运动中常发生的急性损伤,常见鼻骨骨折和掌骨骨折,前者为被击中致伤,后者为打击对方时技术失误致伤。其次急性损伤中膝、踝、掌指关节囊韧带损伤也较常见。拳击运动中慢性损伤以腰肌劳损为主。足部的疲劳骨折、骨膜炎也时有发生，这可能与过多的弹跳有关。

（二）散打

散打也属于对抗性、攻击性较强的项目，但其运动损伤比拳击略少。散打可上下肢并用打击对方，且下肢攻击如摆腿等使用频率更高，还有单腿支撑甚至360°转体等，以膝、踝、足关节、韧带损伤较多。其次在损伤中偶可见到牙齿损伤及“摔跤耳”。调查显示，散打损伤发生率较高的是膝半月板损伤、腰背肌筋膜炎、踝腓侧副韧带损伤、腰椎横突末端病、肱二头肌长头腱鞘炎等。

拳击、散打损伤的预防原则：

(1) 加强组织管理，严格训练、严格执行规章制度及加强裁判工作、医务监督。

(2) 应禁止不同等级的运动员比赛。

(3) 无论是训练或比赛均要戴护具，如散打训练比赛时一定要戴好头盔、护齿等。

(4) 加强运动员的素质训练及培养良好的道德品质。

第五节 运动损伤的防治及处理方法

运动损伤是指在体育运动中发生的各种损伤，如打球时踝关节的扭伤、肌肉拉伤以及腰肌劳损、骨折等。

运动损伤既有外在因素的影响，也有内在因素的影响。损伤的原因通常是内因和外因综合作用的结果，损伤部位通常与运动项目以及专项技术的特点有关。在运动过程中，人体往往会受到外界因素的影响而引起皮肤、韧带、骨骼、肌肉、关节以及内脏器官的损害，轻则影响日常工作和生活，重则危及生命。所以，大学生在运动过程中要加强预防意识，了解运动损伤的原因和特点，采取相应的预防措施，最大限度地避免或者减少运动损伤的发生，从而使身心得到更好的发展。

一、运动损伤产生的原因

造成运动损伤的原因有很多，归纳起来可分为直接原因和诱因两个方面。

（一）直接原因

1. 思想上不够重视

运动损伤的发生，往往与体育教师、教练员和体育运动者对预防运动损伤的认识不足或者不够重视有关。他们大多存在着某些片面认识，平时不重视安全教育，在体育教学、运动训练和比赛中没有积极采取各种有效的预防措施。发生运动损伤后不能够及时认真分析原因，使运动损伤事故不断发生。

2. 缺乏合理的准备活动

准备活动的目的是提高中枢神经系统的兴奋性，增强各器官系统的活动功能，使人体从相对的静止状态过渡到紧张的运动状态。根据国内相关的调查资料分析，缺乏准备活动或者准备活动不合理，是造成运动损伤的主要原因。在准备活动中存在的问题有以下几点：

（1）没有准备活动或准备活动不够充分。在神经系统和其他器官各系统的功能活动还没有动员起来的情况下，就投入紧张而剧烈的体育运动。由于肌肉的力量、弹性和伸展性较差，身体缺乏必要的协调性，因此容易造成运动损伤。

（2）准备活动的内容与正式运动的内容结合得不好或缺乏专项准备活动。运动中负担较重的身体部位的功能没有得到充分的改善，因休息而消退的条件反射性联系尚未恢复。

（3）准备活动的量过大。身体已经出现疲劳，参与体育运动时身体的功能运动水平不是处于最佳状态而是有下降趋势，此时参加剧烈运动就容易受伤。

（4）准备活动的强度安排不合理。开始做准备活动时，用力过猛，速度过快，违背了循序渐进的原则和功能活动的规律，容易造成肌肉拉伤和关节扭伤。

（5）准备活动距离正式运动的时间过长。准备活动对生理所产生的作用已经减弱或消失，则相当于准备活动不充分或没有做准备活动。

3. 运动负荷过大

安排运动负荷时，没有充分考虑到锻炼者的生理特点，运动负荷超过了锻炼者可以承受的生理负担量，尤其是局部负担过大，引起细微损伤的积累而导致劳损，这是在专项训练中造成运动损伤的主要原因。

在体育课或学校体育队的训练中，同样也存在着局部负担量过大的问题。如果一节体育课的几项内容搭配不合理，对人体某一部位有较大的负担量时，或者在运动训练时急于求成、训练方法单一，都会引起局部负担量过大而造成运动损伤。

4. 技术上的错误

技术上的错误违背了人体结构功能的特点以及运动时的力学原理而造成损伤，这是初参与运动训练的人或学习新动作时发生运动损伤的主要原因。例如做前滚翻时，由于头部偏斜而引起颈部扭伤；排球运动中传接球时，因手型不正确而引起手指扭挫伤；在投掷时，由于在上臂外展、屈肘的错误姿势下出手，则会引起肩臂肌肉拉伤，甚至会发生肱骨骨折等。

5. 身体和心理状态不佳

在休息不好、患病受伤或伤病初愈阶段以及疲劳时，肌肉力量、动作的准确性和身体的协调性显著下降，警觉性和注意力减弱，反应不够警觉，此时参与剧烈运动或练习较难的动作则可能会发生运动损伤。

锻炼者的心理状态与运动损伤的发生有着密切的关系，如果心情不好、情绪低落或急躁、缺乏锻炼的积极性或急于求成、胆怯犹豫等状态，都可以导致运动损伤的发生。有些青少年缺乏锻炼经验和知识，好胜心强，好奇心大，盲目或冒失地参加体育运动也容易导致运动损伤的发生。

6. 动作粗野或违反规则

在比赛中不遵守比赛规则，或者在体育教学、运动训练中相互嬉闹、动作粗野、恶意犯规等。这是在篮球、足球运动中发生运动损伤的重要原因。

7. 组织方法不当

在教学训练中，不遵守循序渐进和个别对待的原则，以及比赛的年龄分组原则；在组织方法方面，如果学生人数过多，教师又缺乏标准的示范和耐心细致的教导，学生缺乏保护和自我保护意识、在非投掷区练习投掷或任意穿越投掷区、组织性纪律较差以及比赛日程安排不合理、比赛场地和时间随便更改，允许生病或身体不合格的人参加比赛等，这些都可能成为发生运动损伤的原因。

8. 场地设备的不完善

运动场地不平，有小碎石或杂物；跑道太硬或太滑；沙坑太硬或有小石块，坑沿高出地面，踏跳板与地面不等高；器械维护不良或多年未修，表面不光滑或有裂缝；器械安装不够牢固或者放置位置不妥当；器械的高低、大小或重量不符合锻炼者的年龄、性别特点，缺乏必要的保护工具（如护踝、护腕、护腰等）；运动时的服装和鞋袜不符合运动卫生要求等，都可能造成运动损伤。

9. 不良气候的影响

气温过高容易引起疲劳和中暑，气温过低则容易引起冻伤，或由于肌肉僵硬，身体协调性降低而导致肌肉韧带拉伤；潮湿高热会导致大量出汗，从而发生肌肉痉挛或虚脱；光线不足，可见度差，则影响视力，使兴奋性降低和反应迟钝而导致运动时发生损伤。

（二）诱因

诱因即诱发的原因，它是在局部负担量过大、技术错误等直接原因的同时作用下才可成为导致因素。

1. 各项运动的技术特点

各项运动都有自己的技术和动作特点，使身体各部位所承受的负担量不同，如果训练方法不合理，容易引起负担较大的部位受伤，如篮球运动的技术特点是滑步防守和进攻、上篮、急停等，膝关节通常处于半蹲位发力或扭转活动状态，容易导致髌骨劳损；投掷时，肩关节发生急剧旋转，容易导致肩袖和肱二头肌长头肌腱损伤等。

2. 局部解剖生理特点

某些组织所处的特殊解剖位置，在运动时可与周围组织发生挤压或摩擦，如肩袖肌腱；局部组织较脆弱，抗拉或者抗折能力较弱，在一定外力作用下容易造成损伤；有的关节在一定的屈曲角度时，稳定性下降，关节面间容易出现“不合槽”运动而引起捻错与摩擦，如膝关节半蹲位下发力等。

二、运动性损伤的分类

人体在体育运动过程中受到直接或间接机械外力以及物理等因素所发生的损伤，称为运动性损伤。运动性损伤的分类方法很多，概括起来有以下几种。

1. 按损伤组织的种类分类

可分为肌肉韧带的擦伤、撕裂伤、挫伤、四肢骨折、颅骨骨折、脊椎骨折、关节脱位、脑震荡、内脏破裂等。根据北京运动医学研究所的统计，由于运动所造成的严重损伤很少，大部分属小损伤，其中以肌肉、筋膜、肌腱腱鞘、韧带和关节囊伤最多，其次是肩袖损伤、半月板撕裂和髌骨软骨病等。

2. 按损伤的轻重程度分类

伤后未丧失工作能力的为轻伤。伤后失去工作能力 24 小时以上，需要在门诊治疗的为中等伤。伤后需住院治疗的为重伤。这种分类法适用于了解工矿、机关、学校、街道和农村等开展群众体育活动中的损伤情况。

3. 按运动能力丧失的程度分类

伤后仍能按照教学训练计划进行体育运动或训练的为轻伤。伤后不能按照教学训练计划进行体育运动或训练而需要减少或停止患部活动的为中等伤。伤后完全不能运动的为重伤。这种分类法适用于集训队、业余体校和体育院系。采用此种分类法能正确地估计损伤后果和提出预防措施。

4. 按有无创口与外界相通分类

若伤部的皮肤或黏膜破裂，创口与外界相通，有组织液渗出或血液自创口流出，称为开放性损伤，如擦伤、刺伤等。伤部的皮肤或黏膜完整，无创口与外界相通，伤后的出血积聚在组织内，称为闭合性损伤，如肌肉拉伤、关节韧带扭伤等。

5. 按发病的缓急分类

遭受一次直接或间接暴力而造成的损伤，称为急性损伤，特点是发病急、病程短、症状骤起。局部长期负担过度，由微细损伤积累而造成的损伤称为慢性损伤或过劳伤，特点是发病缓慢、病程较长、症状渐起。

三、运动损伤的急救意义和原则

急救是指对运动中突然发生的损伤，进行紧急和合理处理，并为转送医院进一步诊治创造条件。正确和有效的处置，对减轻患者的痛苦、预防并发症和感染甚至挽救生命都具有十分重要的意义。

急救是一项时间紧、技术性和判断性强的紧急措施，因此必须遵循以下原则。

1. 准确判断

急救者要正确地判断损伤的性质、部位和程度，并施行正确的抢救方法。

2. 抓住主要矛盾进行急救

急救现场比较复杂，有时会同时出现多种损伤，此时急救者必须抓住主要矛盾进行急救。如发现休克，应先进行抗休克措施；如伴有出血时，应同时进行止血，然后再做其他损伤处理。

3. 分工明确，临危不惧

急救者既要有高度的责任感和救死扶伤的崇高品德，又要能临危不惧、分工明确、有条不紊地进行抢救，并要有熟练的技术和丰富的临场经验。

4. 快抢、快救、快运送

急救必须分秒必争，当机立断，切勿延误时机。在得到初步处理后，尽快转送医院做进一步治疗。在运送途中，要确保患者的平稳安静，消除紧张情绪，并随时观察病情变化，必要时继续进行人工呼吸。

四、常见的轻度运动损伤急救与处理

（一）常见轻度运动损伤

大多数常见的运动损伤不需要专家的帮助也能治愈。

在运动中，身体任何部位都有受伤的可能。也许直接受到重击，也许过度拉伸，也许因某特定部位反复运动所致。

大约80%的运动伤是软组织受损，如肌肉、肌腱、韧带和关节。只有大约20%是骨折或内伤。常见的轻度运动损伤有肌肉拉伤、关节韧带扭伤、肌肉挫伤。

1. 肌肉拉伤

肌肉拉伤是在外力直接或间接作用下，肌肉过度主动收缩或被动拉长所引起的损伤。肌肉拉伤在大学生体育运动损伤中占有较大的比例。

（1）肌肉拉伤的诊断

肌肉拉伤受伤部位的表现是发硬和疼痛，用手触摸、用力收缩或被动拉长时疼痛加剧，此症状为轻度拉伤。受伤部位有较高数量的肌纤维断裂，感到像刀割一样疼痛，属中度拉伤。受伤者当时就听到或感到有断裂声，局部明显肿胀，皮下淤血严重，肌肉功能出现障碍，基本上不能再活动，属重度肌肉拉伤。

（2）肌肉拉伤的处理方法

肌肉轻度拉伤或伴有部分肌纤维撕裂，首先应进行冷敷，局部加压包扎。冷敷可采用冷水浸泡或冷毛巾敷，如有条件也可用氯乙烷喷射受伤部位。休息时尽量抬高受伤部位，疼痛者可服用止疼药。损伤在24～48小时后，可采用理疗、热敷、按摩或药物治疗。肌肉大部分或完全断裂者，在加压包扎后应立即送往医院治疗。受伤后，为防止肌肉萎缩，应进行功能恢复性锻炼，锻炼时的负荷应掌握好，切忌因强力而再次造成损伤。

（3）肌肉拉伤的预防

要在思想上重视预防运动损伤，运动前要充分做好准备活动，尤其是易发生拉伤部位的准备活动；锻炼要量力而行，切忌在身体处于过度疲劳的情况下继续进行体育活动；加强身体的全面锻炼，使肌肉得到平衡发展，在发展肌肉力量时，应特别注意发展肌肉的伸展性；要提高动作的协调性，改进技术和纠正动作；注意气候、温度的变化，冬季锻炼要注意保暖；发生损伤后再次参加体育运动要注意循序渐进，切勿操之过急。

2. 关节韧带扭伤

关节韧带扭伤主要是由间接外力作用使关节活动超出正常生理范围而造成的一种闭合性运动损伤。因作用力的大小不同，能造成关节韧带单纯扭伤、部分撕裂或完全断裂，有些还可并发骨折及半月板损伤。在大学生体育运动中，最常见的是踝关节、膝关节、腕关节扭伤，其次是掌指、腰等关节韧带扭伤。

（1）关节韧带扭伤的症状

受伤后局部疼痛、肿胀，肌肉主动收缩时疼痛加剧，有皮下出血者可见青紫区；伤及关节滑膜或韧带断裂时，则关节发生肿胀，局部压痛，牵引受伤的韧带时疼痛感觉加重；韧带完全撕裂时，关节有不稳或松动感，关节功能明显出现障碍。

（2）关节韧带扭伤的原因

这种扭伤多因技术动作不正确、准备活动不充分、肌肉的生理机能尚未达到适应活动所需的状态；身体训练水平不够，肌肉的弹性、伸展性、肌力弱；疲劳或负荷过度，使肌肉机能下降、肌力减弱、协调性差、肌肉发僵等。气温过低、湿度太高、场地不平等也可导致扭伤。

（3）关节韧带扭伤的处理

关节扭伤后若处理不当，或过早地进行活动，会使急性损伤变成慢性损伤，产生关节囊增生，关节肿大，经常疼痛。因此，受伤后应及时采用正确的方法处理。关节韧带扭伤或部分韧带纤维断裂者，可按软组织损伤处理，伤后即刻冷敷、加压包扎，抬高伤肢并休息。此种方法有止血、止痛及防止或减轻肿胀的作用。2 天之后，拆除包扎固定。根据伤情，可采取中药外敷、痛点药物注射、针灸、按摩等手段。对于伤情较重及韧带完全撕裂者，经急救处理后应立即送往医院治疗。

(4) 关节韧带扭伤预防

平时应重视加强关节周围肌肉力量和韧带柔韧性练习，以增大肌肉对关节的支持力，提高关节的稳定性和活动度；锻炼前充分做好准备活动，特别在冬季准备活动尤其重要；应避免在不合乎要求的运动场地活动；对易伤的关节部位，活动和比赛时应用支持带保护。

3. 肌肉挫伤

肌肉挫伤主要是由于外力直接打击身体的某个部位而造成的运动损伤。

(1) 肌肉挫伤的症状

挫伤的一般症状有疼痛、内出血和肿胀。因出血程度和深浅不同有着不同的症状，如皮肤本身出血成瘀点，皮内及皮下出血成瘀斑，皮下组织中局部性出血成血肿。大多数伤后出血可逐渐吸收消散，少数病例有继发感染化脓情况。肌肉挫伤可继发骨化肌炎。严重挫伤时妨碍血液循环，可引起局部肌肉缺血性挛缩，早期症状是肢体末端青紫、肿胀、麻木、发凉、运动障碍。

(2) 肌肉挫伤发生的原因

运动时练习者互相碰撞，或被踢打，或身体某个部位撞击器械，都可发生局部和深层组织的挫伤。在体育运动中，最常见的挫伤有大腿、小腿肌肉挫伤。

(3) 肌肉挫伤的预防

肌肉挫伤多发生于对抗性激烈的比赛或与器械撞击所致，因此可通过穿戴保护装置预防挫伤。同学们要有良好的体育道德，严禁对抗中的粗暴行为。另外，要不断地改进技术动作，以提高自我防护能力。

(4) 肌肉挫伤的处置

肌肉挫伤后，首先应当冷敷和加压包扎以利止血(一般不超 48 小时)，以后可用热敷、按摩、理疗等方式治疗。必要时卧床休息，要抬高患肢；若疼痛剧烈，可口服止痛药或肌注止痛针。内脏器官挫伤时，如有休克，要及时组织抢救，使伤员平卧，或侧向一边以利呕吐物溢出，防止窒息；要注意保暖，可加盖棉被或衣物等；可给伤者热饮料以补充水分。及时止血、止痛、镇静或强心，迅速组织人员护送到就近医院做进一步处理。

（二）运动损伤后的治疗

1. 按摩

常见的运动损伤不要受伤后立即按摩，要在 48 小时后才用此方法。这种方法可消除肌肉痉挛，使血液流经受伤的肌肉组织。

2. 运动

在康复初期，运动可在水中进行，称之为水疗法。因为在水中可以减轻地心引力对患部的作用力，使各种动作容易操作，减少疼痛，成功率很高。

有助于康复的运动还有被动运动，也就是理疗师推拿受伤的部位，或部分身体的自主运动。

即使采取了正确的措施，运动伤的完全康复还需要好几个星期。如果症状未见改善，且持续疼痛、触痛、僵硬或红肿，应去请教运动医学专家。

3. 物理疗法

物理疗法可以减轻疼痛，治愈伤处或发炎的组织，加快恢复。对许多运动伤来说，光休息不是解决问题的办法。理疗师会运用运动理疗综合疗法，使用热源、超声波可使伤员尽快康复。

4. 激光疗法

低密度的激光光束可以减轻疼痛、消炎或消肿，有助于治愈受伤的组织。

使用前应先用消毒过的棉花清理皮肤表层的油脂，以增强激光的穿透力。然后把探针轻轻地放在受伤处，以便激光可以集中射入受伤部位。为了避免激光伤及眼部，应戴上护目镜。

5. 热处理

热水袋、远红外线灯、短波电热器及任何形式的热源器都可以用来缓解肌肉痉挛，减轻疼痛，促进血液流过受伤部位。受伤之后 2 天才能使用该疗法，因为血管需要时间愈合，否则会加剧出血或红肿。

6. 超声波

电流通过一块晶体而产生的高频声波可用来治疗许多形式的运动伤。超声波可止痛、消肿、快速治愈患处。

把乳胶涂抹在患处增强传导，经常移动仪器以免过热烫伤皮肤。

7. 非类固醇药物

非类固醇消炎药经常用来治疗意外伤痛。临床研究表明，这类药物比其他的止痛药更能有效地减轻疼痛。非类固醇消炎药的代表是阿司匹林和布洛芬。

这类药可以阻止引起疼痛和炎症的前列腺素产生。由于一受伤就能产生前列腺素，因此服用越早疗效越好。

8. 电波干扰处理

这种电疗法是通过两种电流触及受伤组织，用吸盘把2根或4根电极棒固定在皮肤上。两种电流互相产生的干扰可以缓解疼痛及肌肉痉挛。这种疗法可有助于消肿、消炎，促进血液循环，快速治愈患处。

9. 类固醇注射

受伤处炎症不消、疼痛不除时，可能要注射可的松。注射前，皮肤表面应先消毒，局部麻醉。通常麻醉药和类固醇可以同一个针筒注射。

注射类固醇以后，至少需要休息2天，麻醉消退后，疼痛稍有增加。一般说来，类固醇要5天以后才能完全见效，然后需再补打一针。

（三）损伤后的康复运动与恢复

1. 损伤后的康复运动

疼痛和红肿减轻，移动伤部不会使疼痛加剧时，便可以做一些轻微的运动。如伤部进一步好转，可加大运动范围，增加重复次数以及运动时间。医生或理疗师会建议做康复运动，如恢复灵活和柔韧性的伸展运动、恢复患部肌肉力量的增强运动、恢复平衡与协调的运动、恢复体能的健身运动。

2. 掌握恢复期

重新开始日常活动能完成下列的测试，就可以恢复日常训练：

（1）伤部可自由移动而不引起疼痛和僵硬。

（2）伸拉周围肌肉而无痛感。

（3）平衡和协调恢复正常。

（4）做阻拦运动时不疼痛。

（5）运动时或运动后不疼痛、不僵硬、不红肿。

五、常见的严重运动损伤急救与处理

（一）出血性运动损伤的处理方法

1. 运动损伤的分类及表现

体育运动多种多样，各种损伤都可能发生。损伤的原因是由外力造成的，也可能是机械或自身运动不当引起的，大致可分为以下几种类型。

（1）闭锁性损伤：皮肤外表完整而下层组织受到伤害，包括挫伤、肌肉筋膜拉伤、关节囊和韧带扭伤以及肌腱、腱鞘和滑囊损伤等。挫伤在体育运动中易发生，主要表现为局部肿胀、青紫、淤血等皮下软组织损伤。严重者可有深部血肿和肌纤维断裂。关节若受到暴力冲击，可引起关节囊、韧带、肌腱等部分撕裂，主要表现有关节周围肿胀、出血、青紫及关节活动受限制等。

(2) 开放性损伤：皮肤及下层的组织均受到伤害。在体育运动中常见的开放性损伤有擦伤、裂伤、切伤和刺伤。皮肤被粗糙物擦破时，可引起擦伤，表现为皮肤浅层破损，有血液或组织液渗出。有锐器刺入或切割可引起刺伤和割伤，伤口较深，常有出血。损伤大血管或重要脏器可引起晕厥、休克等。损伤神经、肌腱者，可表现为功能障碍。若受到钝器挤压或打击，可引起裂伤，表现为皮肤、皮下组织裂开，容易合并感染，导致伤口化脓。

(3) 出血：无论闭合性损伤或开放性损伤均可发生出血。血液从伤口向体外流出称为外出血；出血保留在体腔或组织中称为内出血。根据血液来源不同，出血又分为动脉出血、静脉出血及毛细血管渗血。动脉出血和较大静脉的出血量较大，若失血量达到人体总血量的40%～50%，可危及生命。少量出血时，一般无全身反应；大出血时有眼花、眩晕、面色苍白、脉搏加快等症状；若持续出血，可引起虚脱、休克、皮肤苍白、冷汗、乏力、躁动、口渴等，若不及时救治，可出现抽筋、大小便失禁、昏迷甚至死亡。

2. 损伤的急救

轻微出血时，用清水及肥皂彻底洗净急救员的双手。用普通中性肥皂及凉开水或自来水、生理食盐水等以伤口为中心，环形向四周冲洗，彻底洗净伤口。需要时用消毒纱布块或干净布块覆盖保护伤口，然后用绷带包扎或胶布固定。如果伤口已有感染症状时(局部的症状如肿胀、发红、疼痛、化脓、发热等；全身的症状如发烧、淋巴结肿大等)，应即刻送往医院进行治疗，预防破伤风的感染。

严重出血时立刻设法止血，预防休克。使患者静卧，将出血部位抬高，露出伤口。伤口血液凝块不要除去，覆盖伤口，预防污染。患者清醒时，可给饮料等以供身体所需的液体。但呕吐、头部及胸腹严重损伤者，需手术的患者和昏迷不醒者，不可给予任何饮料。

如伤口内有异物或凸出的断骨，应先用无菌纱布盖住伤口，以较大的环形垫置于伤口四周，以便止血。若有断肢，应立即找到，并以无菌纱布包裹，置塑胶袋内，于塑胶袋外放冰块(温度保持4 ℃)，随同病人送医院缝合。随时观察及记录伤患的呼吸、脉搏、肤色、体温及意识状况，并报告医生。尽快将伤患送往医院，最好能在伤后6～8小时以内送到医院。

止血的方法有直接加压止血法(图4-1)、抬高伤肢(高于心脏)止血法、冷敷止血法。

(1) 止血点止血法

用手指或手掌压住伤口近心端骨面上的血管，可减少流血量；同时在伤口的正上面仍用直接加压法止血。常用的四肢止血点有肱动脉、股动脉，如图4-2、图4-3所示。

(a) (b)

图 4-1 直接加压止血法

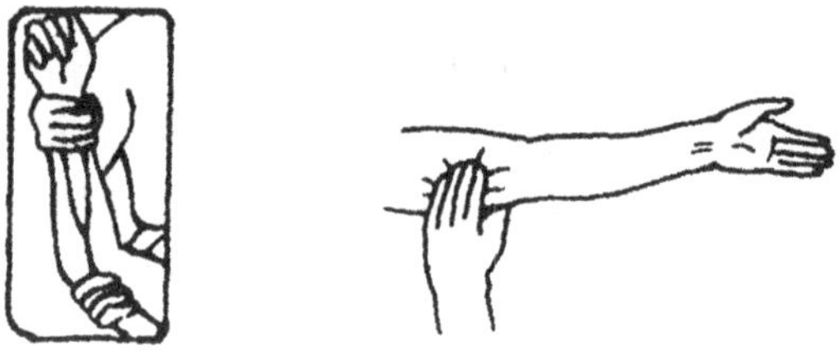

(a) (b)

图 4-2 肱动脉止血点止血法

(a) (b)

图 4-3 股动脉止血点止血法

(2) 止血带止血法

当四肢动脉大出血时,采用其他方法不能止血且危及生命时,才可用止血带止血,如图 4-4 所示。因止血带易造成肢体残废,故使用时要特别小心。

止血带可用三角巾、领带、长袜等代替,切忌使用细绳类,以免伤及皮肤和内层组织(止血带的宽度约 5 厘米)。止血带要放在伤口上方(近心端处),若伤口靠近关节,则放在关节上方稍远处。除非医生指示或已送达医院,否则不应松开止血带。用止血带的部位要露在外面,并标明使用止血带的时间、部位,随时观察伤处和伤者的生命迹象。

(3) 鼻出血止血法

鼻出血止血法如图 4-5 所示,具体步骤如下:

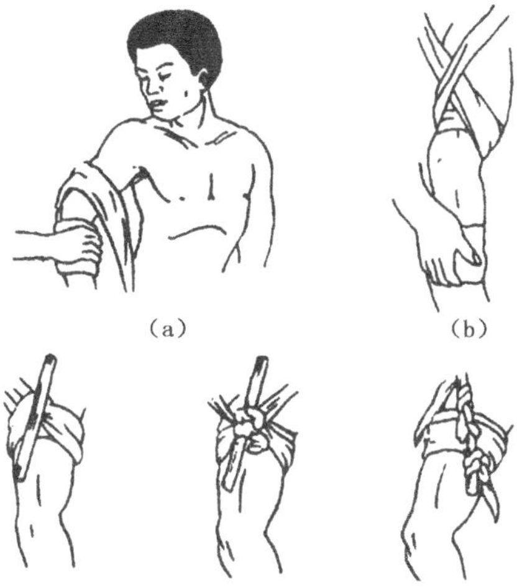

(a)　(b)

(c)　(d)　(e)

图 4-4　止血带止血法

(a) 两手拇指加压止血

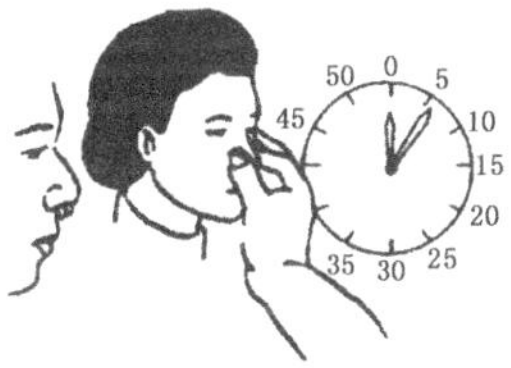

(b) 轻塞纱布，加压止血

图 4-5　鼻出血止血法

① 保持患者安静坐下，将头部稍微往前倾（因走动、谈话、发笑或捏鼻子都可能加剧或继续流鼻血）。

② 以拇指或食指压下鼻甲 5～10 分钟。

③ 松开衣领，令患者张口呼吸。

④ 于额部、鼻部冷敷。

⑤ 如短时间无法止血，应送医院。

⑥ 若怀疑因高血压或颅底骨折引起鼻出血，应立即送往医院。

(4) 内出血止血法

内出血止血法的注意事项如下：

① 应立即获得医疗，并防止休克。

② 不可给予任何饮料或食物。

③ 使伤患者完全休息，松开颈部、胸部、腰部过紧束缚的衣服。

④ 按出血部位的不同，采取适当的姿势。

⑤ 继续小心观察患者意识、呼吸、脉搏、体温等生命迹象。

（二）出血性运动损伤的包扎方法

1. 包扎的目的

（1）固定敷料、夹板、受伤部位。

（2）保护伤口、减少感染和再受伤。

（3）支托伤部，使伤部舒适安全。

（4）局部加压，帮助止血，亦可预防或减轻局部的肿胀。

（5）矫正身体某一部位的畸形。

（6）保暖。

2. 包扎的种类

（1）卷轴绷带

① 材料：纱布、棉布、弹性绷带等。

② 基本包扎法：

环状包扎：用于定带或结带及粗细相同的部位。

螺旋包扎法：用于粗细相同的肢体。

螺旋回环法：用于较长或粗细不同的肢体。

“8”字形包扎法：多用于固定关节敷料。

“人”字形包扎法：多用于包扎脚掌、手掌、肩关节等部位。

（2）三角巾

① 材料：麻布或棉布，柔软、坚固、无缝边。

② 用途：固定、止血、保护伤口。

③ 使用形式：当作整块布料、宽绷带、窄绷带、环形布垫使用。

（3）其他绷带

① 多头带，如丁字带、四头带、多头带。

② 石膏绷带。

③ 网状绷带。

④ 弹性绷带。

（4）绷带的代用品

① 领巾、方巾等。

② 袜子。

③ 裤袜。

④ 布条。

3. 三角巾包扎

(1) 使用三角巾的注意事项

① 包扎后,使用平结法(图 4-6)结带固定。结带时注意:不能在受伤面或炎症部位;不可在颈后关节面或骨凸处;不可在受压部位或肢体内侧;不可在常摩擦处。

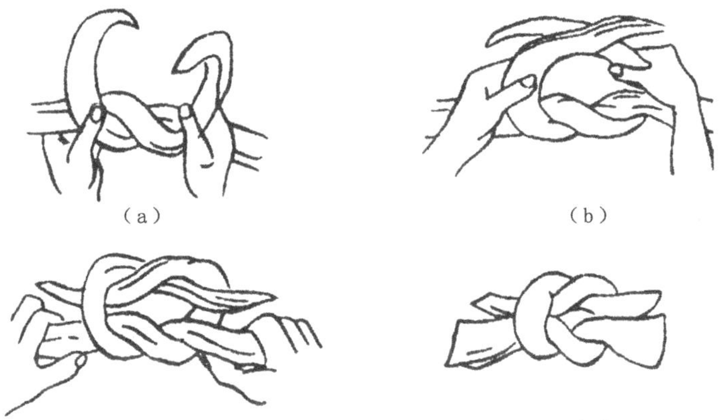

(a) (b) (c) (d)

图 4-6 平结法

② 悬挂手臂,应使其手肘关节略向上(<90°),手腕不可下垂,露出指尖。

③ 如有伤口,必须放上无菌敷料再包扎,避免绷带直接与伤口接触。

④ 包扎时,先固定伤处敷料,并由易固定部位(如手臂、腿、腰等处)开始定带。

⑤ 包扎时,每圈压力要均匀,不宜太紧或太松。

⑥ 包扎时,双手交错使用,切忌落地,否则须更换清洁的三角巾。

⑦ 以逆血液循环方向包扎(由远心端往近心端),每圈需叠盖前圈盖宽度 1/2~2/3。

⑧ 包扎肢体时,尽可能露出肢体末端,以便随时观察局部血液循环情形。

(2) 三角巾包扎法

具体不同部位的三角巾包扎法如图 4-7~图 4-19 所示。

图 4-7 头部三角巾包扎法

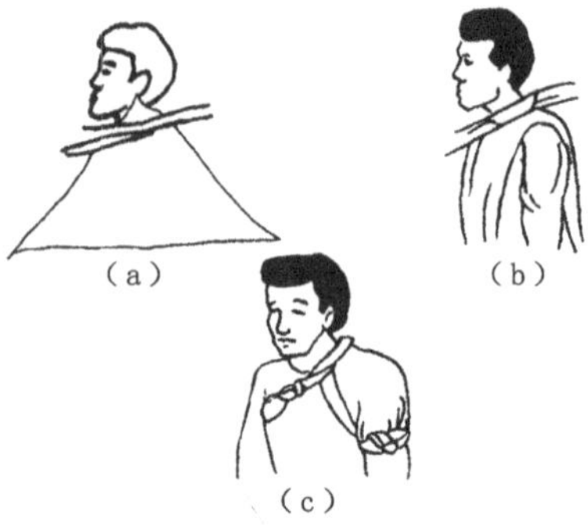

图 4-8 肩部三角巾包扎法

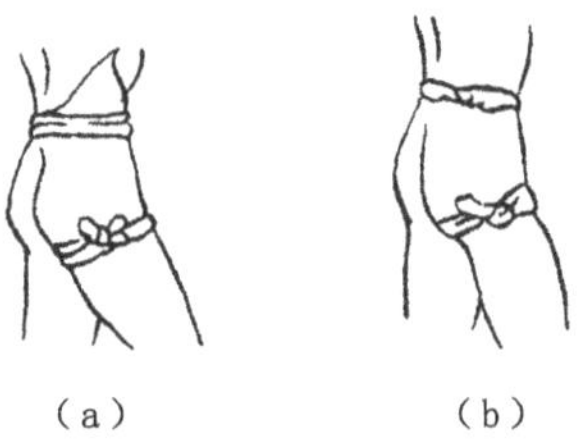

图 4-9 髋部三角巾包扎法

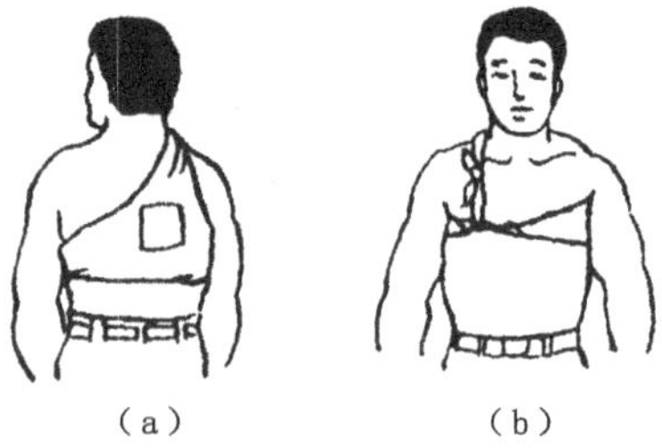

图 4-10 背部三角巾包扎法

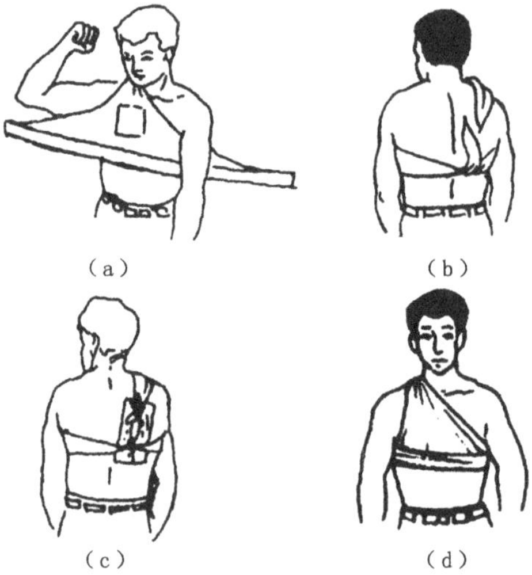

图 4-11 胸部三角巾包扎法

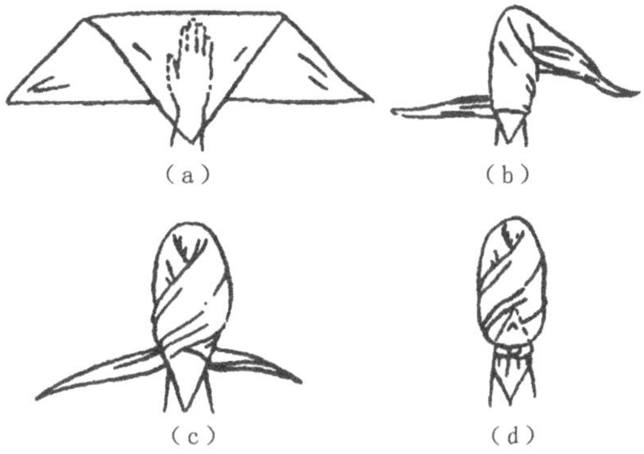

图 4-12　手掌三角巾包扎法

图 4-13　足部三角巾包扎法

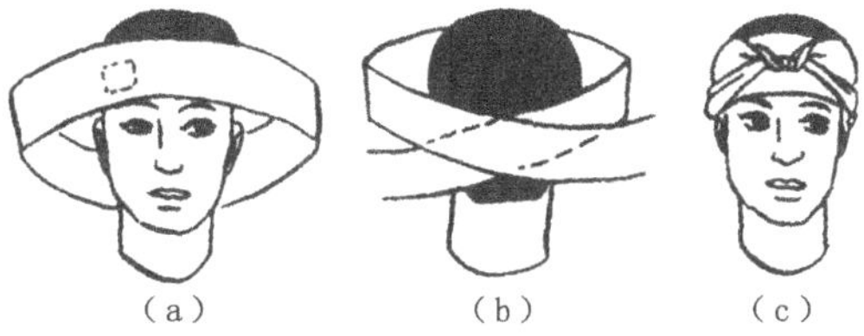

图 4-14　前额带状三角巾包扎法

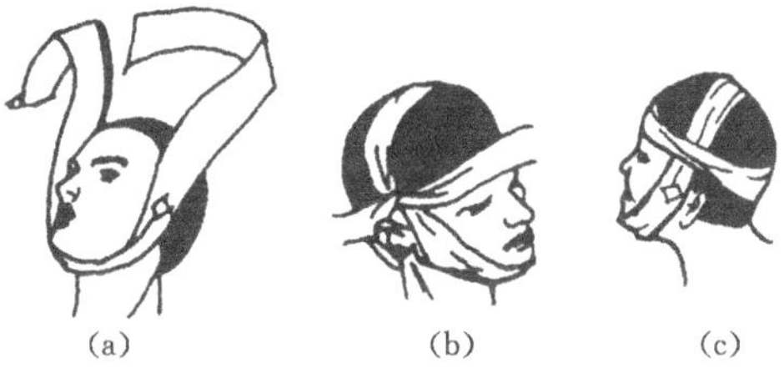

图 4-15　下颌部带状三角巾包扎法

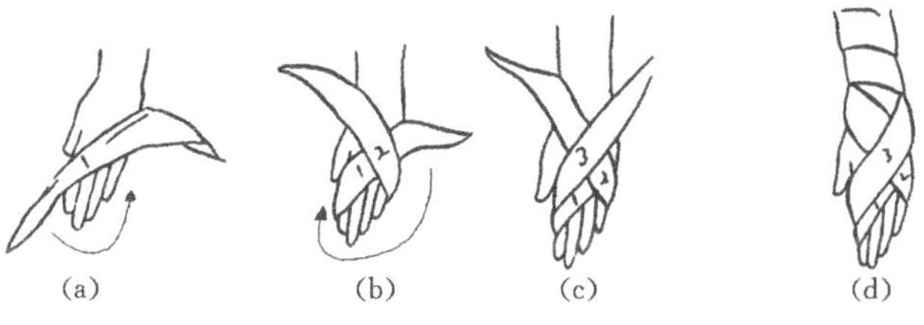

图 4-16　手掌带状三角巾包扎法

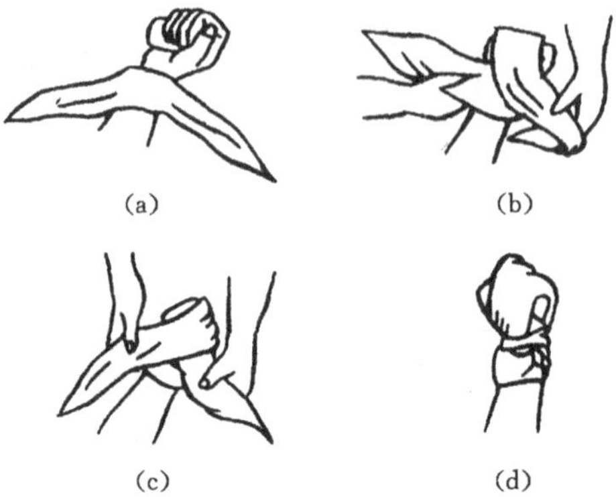

图 4-17 拳头带状三角巾包扎法

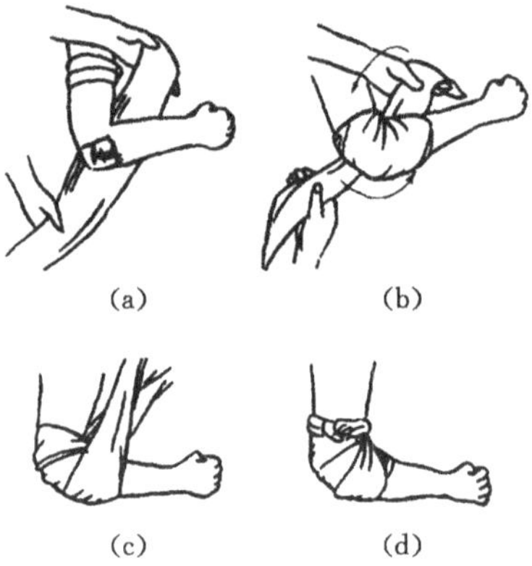

图 4-18 肘部带状三角巾包扎法

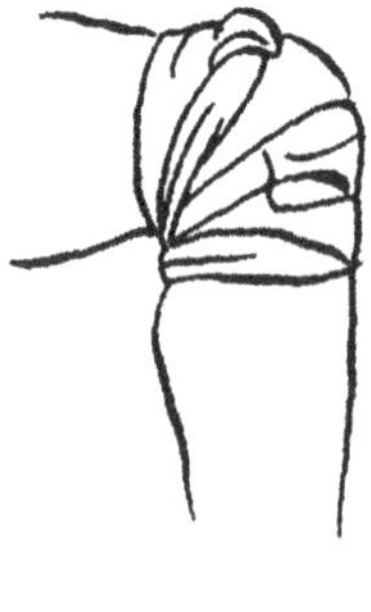

图 4-19 膝部带状三角巾包扎法

（三）心肺复苏

心肺复苏的步骤如图 4-20 所示。

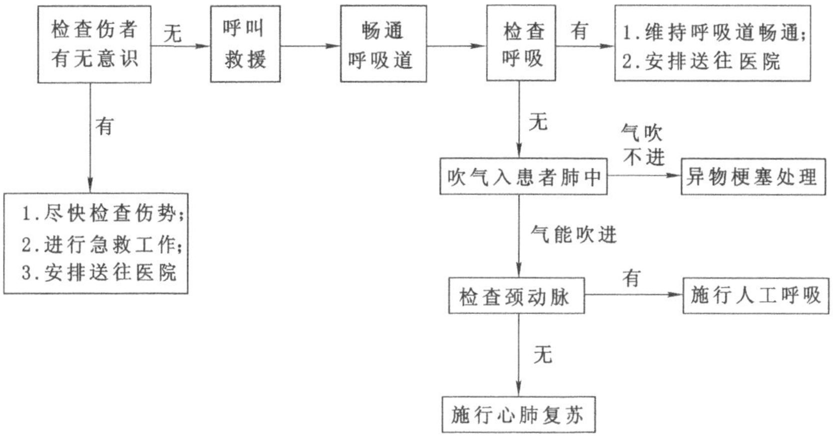

图 4-20　心肺复苏的步骤

（四）运动休克

（1）控制或消除引起休克的原因，如出血时立刻止血，骨折时同定肢体。

（2）让患者平躺，下肢抬高 20～30 厘米。但有头部外伤、呼吸困难或抬高下肢会令病人痛苦时，则禁止抬高下肢。

（3）以毛毯包裹患者，但勿使患者过热。因热量能使皮肤血管扩张，致使循环于身体各重要器官的血量更感不足，造成更严重后果。

（4）水分是休克患者最需要的，但患者陷入昏迷状态或胸腹部、头部严重受伤时，则不得供应任何饮料。

（5）安慰患者，并消除其焦虑情绪。如无必要，切勿移动患者，以免加重伤势。

（6）尽快将患者送往医院。

六、常见的骨骼运动损伤

（一）骨折、脱臼与运动劳损

1. 骨折急救原则与注意事项

（1）保持折断的骨骼及邻近关节不动。

（2）预防休克。

(3) 处理骨折前,须先处理窒息、出血及严重损伤等情况。

(4) 除非对伤患者或急救员有危险,否则应在意外事件之处,就地处理骨折患者。

(5) 将伤患者移动前,须先固定骨折受伤部位(保持骨折处及上下邻近的关节不动)。

(6) 千万不要把凸出的骨骼推进去。

(7) 骨折固定后,抬高受伤的肢体,以减轻肿胀。

(8) 用冰袋敷在痛处,可以限制和减少肿胀的痛苦。

(9) 可能的话,把伤患者的伤脚与未受伤的脚绑在一起,受伤的手臂与躯体绑在一起。

(10) 即刻送往医院进行治疗(送医途中继续观察患者伤肢的肤色、温度、脉搏)。

2. 脱臼的急救方法及注意事项

(1) 冷敷,减轻疼痛、肿胀。

(2) 不可试图将脱位的骨骼恢复至正常的位置。

(3) 立刻寻求医生进行治疗。

注意事项:脱臼者应及时进行手法复位,越早越好。复位后应使关节固定于稳定位置2～4周;解除固定后还应进行主动的功能锻炼,以利恢复关节功能。如果手法复位失败,应进行手术切开复位。

3. 运动劳损的治疗原则

(1) 限制或停止致伤动作,使局部得到休息。

(2) 局部注射醋酸氢化泼尼松或其同类药物,可促使炎症消退。

(3) 止痛,用理疗、止痛药等。

(4) 手术治疗,仅适用某些特定的劳损,如狭窄性腱鞘炎。

(5) 合理的肌肉功能锻炼。

(二) 运动骨折救助过程中夹板的使用方法

1. 常用夹板的规格

(1) 手指用:长10厘米,宽1.5厘米,厚0.5厘米。

(2) 前臂用:长40厘米,宽5.5厘米,厚0.5厘米。

(3) 上臂用:长40厘米,宽5.5厘米,厚0.5厘米。

(4) 下肢用:长90厘米,宽13.5厘米,厚0.8厘米。

2. 选择夹板的条件

(1) 牢固、不易弯折者。

(2) 切忌使用粗糙不平、不清洁的夹板。

(3) 长度必须超过骨折部位上下两端的关节。

(4) 代用夹板：紧急运用时，可用硬纸板、报纸、杂志、树枝、拐杖、直木条、卷轴毡子、枕头、门板(脊椎骨折用)等代用品。

3. 固定夹板时应注意事项

(1) 上夹板前，必须先仔细检查骨折部位，如有外伤出血，必须先止血。

(2) 夹板不能绑太紧，以免影响血液循环；也不能太松，而达不到固定的作用。

(3) 夹板可用绷带、手帕、领带、三角巾及其他类似的物品来固定。

(4) 用绷带包扎固定前，夹板与皮肤表面间应用软垫料隔开，以避免不适及使皮肤擦破。

(5) 绷带应在夹板上或未受伤部位处打结。如两下肢均受伤时，则在两腿间的前方打结。

(6) 如伤患躺着，穿戴时应利用身体自然空隙处穿过，如颈部、腰部、膝部等处。

(7) 上肢骨折，随时测量脉搏、查看手指颜色及肿胀情形，以防绑得太紧，使血液循环不良。

(8) 经过包扎，若伤患者感到不舒服，有刺麻感，手、脚不能动时，立刻松绑，否则会发生永久性损伤。

(9) 有时断骨部分下端移动，只有稍微或完全没有痛的感觉，但也要禁止移动受伤部位。

(10) 怀疑有脊椎骨折发生的可能性时，不可移动伤患，以免加深脊髓的伤害而造成瘫痪。

4. 常用的夹板固定法

对所有骨折或疑似骨折患者，均应视为骨折的伤患固定处理，并须送往医院进一步诊治。

常见的骨折部位：① 手指；② 上臂；③ 前臂；④ 膝盖；⑤ 大腿；⑥ 脚或趾；⑦ 小腿；⑧ 脊椎骨。

常见骨折部位的固定方法如下：

(1) 上臂骨折固定(图 4-21)：可将一块长度超过肘、肩关节的夹板放在上臂外侧，随后用两块三角巾或绷带在骨折上下端固定，屈前臂，悬吊于胸前。没有夹板的情况下，可用三角巾先将上臂固定于胸壁，再将前臂悬吊于胸前。

(2) 前臂骨折固定(图 4-22)：可将一块长度超过肘、腕关节的夹板放在前臂背侧，然后用三角巾或绷带、布条固定后悬吊于胸前。

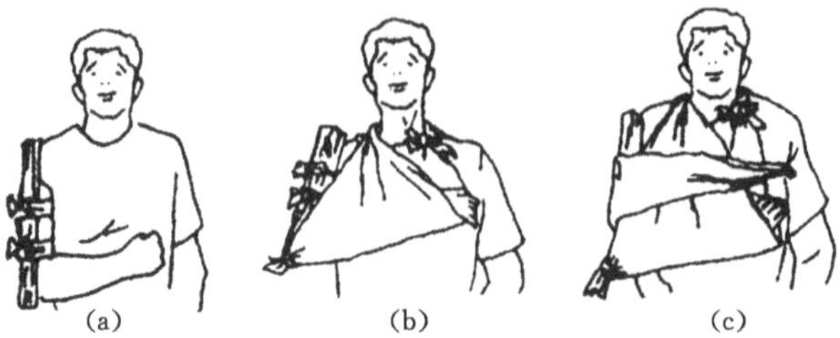

图 4-21 上臂骨折固定法

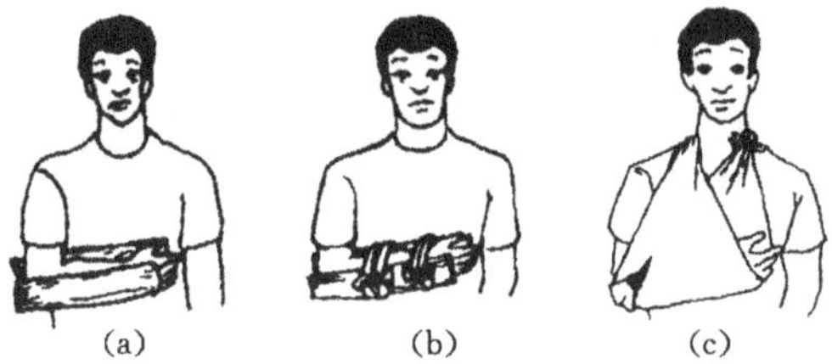

图 4-22 前臂骨折固定法

(3) 大腿骨折固定(图 4-23):可将一块长度上至腋下,下达足跟的夹板放在大腿外侧,用多块三角巾或绷带、布条分别在踝关节、膝关节下,骨折上、下端,腰部、胸部绑夹板。在没有夹板的情况下,可利用对侧健肢进行固定,将两侧下肢并列,在并列肢体的骨凸、关节间隙中垫上软物,然后用三角巾或绷带分别在踝关节处,膝关节上、下,髋关节处将两下肢绑紧。

图 4-23 大腿骨折固定法

(4) 小腿骨折固定(图 4-24):用两块长夹板分别在骨折上下端,踝关节、膝关节上绑紧夹板。如没有夹板,可利用健肢固定,方法见大腿骨折固定。

图 4-24 小腿骨折固定法

（5）踝部骨折固定法如图 4-25、图 4-26 所示。

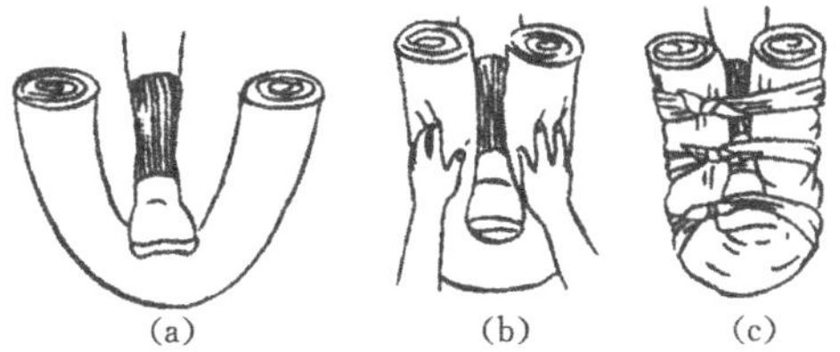

图 4-25　踝部骨折固定法(一)

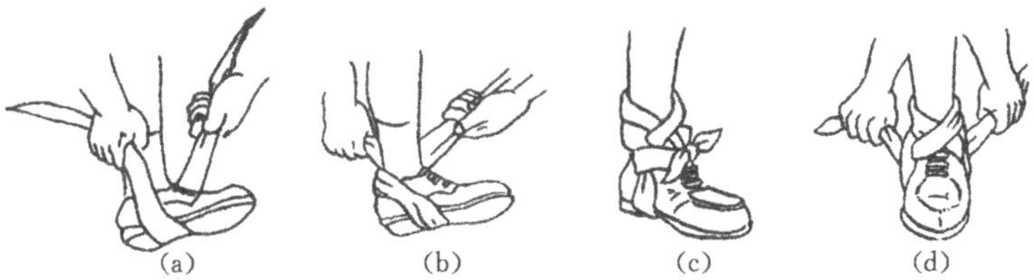

图 4-26　踝部骨折固定法(二)

（6）足部骨折固定法如图 4-27 所示。

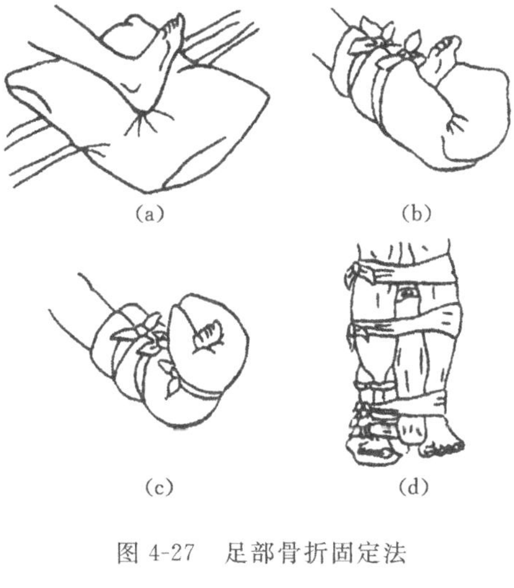

图 4-27　足部骨折固定法

第五章 运动与大学生心理健康促进

第一节 大学生心理健康概述

一、大学生的心理特征

大学生从青春期一路走向相对平静、相对成熟的发展时期，是人一生当中最绚丽多彩的篇章。面临着一系列新的任务，如学习深造、就业、择偶、创业等，需要个体具备适应这些新任务的心理品质。大学生开始学习成为一个承担所有社会责任、真正意义上的社会人。

（一）智力水平达到顶峰

大学生的智力发展通常比较好，不存在智力低的问题。吴福元用韦克斯勒成人智力量表对大学生进行了一项智力调查，结果发现大学生的平均智商为116.08，属于中上智力或高智力水平。在青年期，神经系统、感知觉系统发育完善，知觉速度、机械记忆、识别图形的智力项目随着生理系统的完善达到顶峰。大学生思维敏捷，接受能力强，喜欢新鲜事物。在校园内通过专业训练和系统的学习，抽象逻辑思维和分析问题的能力都得到发展。

关于青年期的思维发展，美国的学者帕瑞认为进入青年期后，个体思维中逻辑的绝对成分逐渐减少，辩证成分增多，抽象思维得到迅速发展。大学生会逐渐意识到对同一个问题存在多种观点和多种解决方法。在抽象思维丰富的情况下，大学生能够对身边发生的事情和获取的经验进行概括和总结，超越了早期停留在具体人和事情的思维阶段。但是不能否认的是，大学生的阅历尚浅，容易受到不正确思想的影响，看待问题也难免会带有强烈的主观色彩，心理还需进一步调适和发展。

（二）自我意识的发展

自我意识是人对自身及自身与周围世界关系的认识。自我概念要历经童年和青少年，其中青少年发展最快，此时开始将自己的注意力集中到发现自我、关心自我的存在上来，这是青年期自我意识发展的最主要特色。大学生初期形成的自我概念还很不稳定，随着经历的丰富，需要对自我意识不断修正。大学生对自己的了解处于一种摸索的阶段，更应该提醒自己要辩证地看待问题，用客观的标准去衡量事物，在遇到挫折时要学会应用失败去激励自己，常常鼓励自己才能形成较好的自我认同。

（三）情感丰富，情绪强烈而欠缺稳定

大学生自我情感体验方面十分丰富，注重独立、个性、自尊和自信。交往范围的日益扩大，与同学、朋友及师长之间交往变得频繁，对异性的好感与追求是大学生对亲密感需求的表现。这也使得大学生的情绪表现得更细腻、更复杂。大学生通过活动范围的扩大，自我意识的增强，特别是在当今社会变化日新月异的形势下，大学生强调自我与社会融合，兼顾国家、集体利益的同时非常注重自我。

大学生的情感是十分丰富多彩、复杂激烈的，有着特殊的结构，如物质情感、文化情感及娱乐性情感等。可以说，当代大学生的情感需要是异常多种多样、丰富多彩的。但由于大学生情绪活动具有不稳定性，情绪活动往往强烈而不能持久。大学生情感上容易引起共鸣和同情，情绪活动随着认知标准的改变而改变，造成了大学生情绪的迅速变化，喜怒哀乐无常、阴晴雾雨变化是大学生情绪常见的现象。

（四）性意识的发展

大学生性生理的发育成熟必然带来了性意识的觉醒。性意识的发展让大学生对性问题本身产生了好奇和敏感，对异性产生垂青与爱慕，并且期待进入恋爱择偶的尝试期，因此是发生性问题以及恋爱问题的高峰期。对性知识的缺乏可能引起性心理的困扰以及性卫生问题。两性之间交往的技巧与经验不足，在遇到失恋、单恋等恋爱问题的时候让大学生也束手无策。因此大学生应该正视性的问题，掌握正确的性知识与态度，主动与异性交往，建立正常的两性关系，与异性友好交往都是帮助解决大学生性问题的良好途径。

（五）社会化需求

大学生社会化过程中的重要时期是大学阶段，在校园里的生活虽然与社会有一定差别，但渴望加入社会的热情却丝毫没有受到干扰。大学生关注社会，评判社会现象，并乐意参与进去，渴望成熟，追求稳定的价值观和道德感以增强对社会的适应能力，倾向于以一个成人的姿态去迎接新生活的挑战。大学生充满理想和斗志，渴望成功，期望成才，是为今后事业发展做前期的准备。由于经验不足和抽象思维仍有一定片面性的原因，容易遭受挫折和体验失败感，出现理想与现实差异之间的矛盾。若归因不良，会产生自我认知的偏差，出现自卑、自怜等现象。应该鼓励大学生多接触社会，参加社团活动，丰富自己的视野，增强操作能力。

二、大学生心理健康

人们的心理是指建立在人脑机能上的对客观世界的反映。换句话说，也就是客观世界作用在我们的感官，引起神经系统活动，继而产生了感觉、知觉、记忆、思维、情感、意志等一系列的心理活动。心理活动相对而言是较为主观性的，早期的心理问题，如情绪问题等，只有个人能够感知。但是早期的心理干预是预防心理、精神疾病的最佳方式。因此界定心理是否健康对人自身有着重要的意义，可以帮助我们了解自身的状况，解决心理问题。但是心理活动却不能用简单的工具或者具体的数值来等价，因为它深受个人的影响。

不同文化背景的人、不同经历的人、不同性格的人，对同一事物产生的看法是不一致的。比如同样是秋季，有人认为是萧瑟的季节，让人伤感；而有人则认为是金色的收获季节，让人喜悦。有人认为心理健康是一种心理无病的状态，但这却难免忽略了一部分虽无症状但却能带来大量痛苦以及影响社会生活的心理问题。

心理健康是一种状态，首先它是稳定的、能够保持的，并不是一种疾风骤雨的状态。从纵向上看，应该与自身的内在规律和内在稳定性，也就是说过去的我、现在的我以及将来的我保持必然的联系，突然的、不符合规律的变化预示着心理健康水平的异常；横向上看，心理也是不断变化的，应该能够一直与外界相适应。表现在与外界环境的相互协调性上，一个人的言行总是能够符合实地的情境。另外，还应该与心理活动的内部相协调，一个人的认知活动、情感活动和意志活动应该是一致的，如果内心表现喜悦，而脸部表情痛苦，这就是心理异常的表现。综上所述，我们大体上有了关于心理健康的概念，然而运用在个体之上，从哪些角度能够说明个体能够适应环境并与之相协调，又如何能够说明个体内在的调整是合理适度的。在实际操作中，需要有类似躯体疾病一样检测的方法和评估标准可以让我们使用。

大学生心理健康近年来已经成为人们关注的热点问题，一个个花季生命的陨落不断地提醒着我们重视学生的心理健康问题。

第二节 大学生常见的心理问题与心理疾病

一、大学生常见的心理问题

（一）人际交往

从幼龄起我们就在与人打交道，我们向父母微笑示好，和小朋友一起玩游戏，和同学们一起学习，从来没有间断过人和人之间的接触。心理学家马斯洛的需要层次理论中指出，我们都有爱与被爱的需求。与人交往我们不但可以获得情感的交流，同时也可以从他人身上得到大量的信息，一方面有助于自我的认识，另一方面可以帮助我们融入社会。人际交往对于大学生而言，有更加重要的意义，可以获得安全感的满足、情感的需要，能够更好地适应生活和社会。大学阶段是大学生学习知识、了解社会和探索人生的重要时期，也是其个性心理品质形成与发展的关键阶段，良好的人际交往对其人生发展具有特殊的意义。然而，许多的心理健康调查表明，大学生的人际关系不尽如人意，他们常常处于渴望接近却又无法接近他人的尴尬境地。

（二）学习问题

学习是生物普遍存在的现象，通过学习人类才可以繁衍生息。学习指人在社会实践中，通过与他人交往，自觉、主动地掌握社会相关经验以及积累自身经验的过程。而学生的学习主要是指在教师的指导下掌握间接经验为主的智力实践活动。大学生本身对这样的学习并不陌生，只是学习的内容与原有的不同，倾向于专业性、职业性。大学教育更加注重专业理论和基本技能的培养，仅围绕具体专业展开教学，有更强烈的职业倾向，是为今后的职业生涯打基础。另外要求学习的自觉性和自主性更高，学习走上自立的道路。大学生应该意识到自己处于学习的主导地位，增强自学能力，培养自己独立学习、独立工作和独立研究的能力。注重创新性，培养探索能力，将理论和实践相结合，学以致用。大学生学习的形式、内容较之以前改变，也常常面临许多关于学习的问题。

（三）就业问题

我国大学生的就业问题已经刻不容缓，这其中的原因多而复杂，就业结构的地区分布差异、专业结构的不合理以及供求双方的需求差异问题都是造成现在大学生就业难的原因。大学生开始择业意味着踏上了人生的又一重要旅程，难免在这条路上有彷徨和苦恼，而就业形势的严峻加重了大学生的心理负担。作为青年人，应该有蓬勃的朝气和理想，也应该有正视和解决问题的勇气。

(四) 恋爱与性的问题

1. 大学生的爱情观

爱情是人类亘古不变的话题。单纯的爱情让人纯美,凄美的爱情让人动容,坚持的爱情让人钦佩。大学生恋爱早已被社会所认可,国家的法制也允许在校大学生结婚。刚从繁重的高考压力中走出来,又面临性生理的成熟,讨论爱情、尝试与异性交往是很正常的现象。学会与异性和睦相处,也是为未来婚姻家庭生活做准备。

有关爱情的理论层出不穷,因为爱情实在是玄妙而复杂的。美国有学者认为,爱情包括亲密、激情及承诺三个部分,这三种成分在爱情的发展过程中所占的地位是不一样的,随着时间的推移,激情是在上升之后快速下降的,而承诺是慢慢地增加到一个程度后不再有大的变化,只有亲密程度是不断增加的。心理学中爱情理论很多,大家的看法和意见也多有不同,大学生可以了解、学习,了解自己对爱情的认识与类型。

爱情是奇妙的,因为每个人都会有自己的感情体验,加上社会的引导,有关爱情的说法也就千变万化了。在校园里有种说法"不在寂寞中沉默,就在寂寞中爆发",许多大学生因为寂寞而谈恋爱,存在着别人都谈恋爱而谈恋爱的从众心理。在这样的动机驱使下,容易轻易地选择对象,成为男女朋友后,又觉得怎么都不舒服,反而造成自身的困扰。不能将谈恋爱看作是衡量人际关系好坏的标准,认为不谈恋爱是因为交际能力差。

另外,学校是社会的缩影,现代社会流行着爱情的功利理论,将爱情作为一种达到目的的手段,选择对象的时候将金钱与权力作为标准,甚至甘做别人家庭的第三者。这样的爱情过于现实,会失去爱情本身所具有的吸引力和魅力,往往也不一定牢固。健康的爱情动机应该源于对美好的追求,双方的结合能够使彼此物质与精神上达到新的境地。爱情应该对于两人来说达到一种提升,互相扶持与帮助。爱情是男女之间彼此爱慕、专一且持久的情感。

2. 大学生的性健康

性是人类最基本的生物学特征之一,当人的生理发育成熟之后,自然会有性的需要,而现代的文明所建立起的道德规范,影响制约了现代人的性观念和行为。上一章介绍过大学生的身心发展,大学生处于性生理已经成熟而性心理尚未成熟的矛盾时期。特别在东方传统文化受到西方开放文化的冲击之后更容易造成大学生产生出性的生理需求与性的社会规范之间的冲突。在这个阶段,提高性认识是很重要的,使学生们能正确地评价自己与他人,很好地适应与调节由于性机能成熟所带来的一系列生理、心理上的变化,保持身心统一。

大学生的性心理健康并不是一味地排斥和摒弃性，在传统文化以及社会的影响下曾经对性教育采取压制和隐瞒的方式。有调查曾指出，在大学生中超过一半的人认为“自慰”是危害健康的不良习惯，有近六成的大学生无法正确认识和掌握自己的安全期。这样的隐患是巨大的，不仅仅是增添了大学生关于性的烦恼。曾有医生指出，大学生人工流产并不少见，部分学生因为不懂性卫生知识而造成多次流产，对年轻的身体造成危害。对于大学生来说，性心理健康应该有正常的性需要和性欲望，能很好地调节自己内在的生理冲动，很好地适应大学生活和学习；与异性发展有责任心的亲密关系；对性有正确的态度和情感，性观念和性行为符合社会道德和法律规范；有正当、健康的性行为方式。

（五）网络问题

Internet 是 1969 年由美国军方所发明的，当时只有少数科技人员和军事机构使用它。直到 1993 年才对外界开放，到目前还不足百年历史的网络却让人类的生活发生了巨大的改变。现在我们的生活和网络息息相关，可以在网上和亲朋好友联络、购物、工作、获取信息。然而事物往往是两面的，有大学生观察了自身和同学们的上网习惯，发现大多是用来聊天、游戏，有的甚至迷恋其中不能自拔。挂科、留级、劝退常常发生在这样的群体之中。

上网可以为大学生提供便利，首先方便了学习，网络改变了原有的学习模式，利用网络获取资源非常便利，并且方便询问和查找。信息的多样化可以拓展思路，学习和借鉴别人的成功模式，并且网络的相对自由增强了学生们的信心，从某种程度上鼓励了创新和开拓。网络加强了与外界的交流，让学生们获得更多的人际交往机会，增加了解社会的渠道。通过与他人的交流和沟通，可以获得支持和鼓励，这些都是网络有利的一面。但是同时可以造成负面的影响。很多大学生上网的时间没有节制，过长及过度地上网会影响身体的健康。在很多学校就有学生连续上网不休息，导致胃出血等疾病的现象。其次，由于网络缺乏约束，信息繁杂，一些不利于大学生成长的信息会干扰大学生正常的心理发展以及伦理道德的培养。利用网络作为载体的违法行为也屡见不鲜。还有一些学生形成了“双面性格”，在网上是一种性格，脱离现实，在网上寻求满足，追求虚幻的价值和幻想的成功，这对其人格发展都是有害的。随着网络的飞速发展，使得我们不得不关注网络所带来的问题。一般而言，大学生常见的网络心理障碍有五类，包括了网络恐惧、网络迷恋、网络孤独、网络自我迷失以及网络成瘾。这里着重介绍网络成瘾的内容。

网络成瘾的概念首先是由 1994 年纽约市的一位精神医师提出的，指成瘾者对于上网游戏、聊天等没有时间和精力限制，过度使用网络导致了成瘾者生活质量的下降，影响了正常的学习以及工作效率，损害身体健康，导致行为异常、人格障碍、心境障碍以及神经系统功能的紊乱等问题。这是一种类似于毒品成瘾、病理性赌博的精神疾病。网络成瘾主要表现为上网时间长，并且需要不断增加上网的时间才能达到与以往同样的满足感；不上网就感觉到难受，坐立不安，上网的愿望很强烈；上网造成了人际关系、学习、工作等多方面的影响；花费大量的时间参与网络游戏、聊天、安装软件、整理和下载大量文件等；造成躯体的依赖以及心理的问题，机体由于休息不足和营养不够，免疫功能下降，精力疲乏，情绪不稳，抑郁，等等。

目前，诊断网络成瘾，美国常用的标准为：① 每天上网超过 4 小时，每个月上网总时间超过 144 小时；② 头脑中总是出现与网络有关的事情；③ 无法抑制上网的冲动；④ 为逃避现实、避免焦虑而上网；⑤ 上网时间总是比预期要久；⑥ 上网时间不愿意告知家人；⑦ 由于上网荒废学业等；⑧ 无限制地花钱上网或者购买网络设备；⑨ 花更多的时间上网才能得到满足。答案为肯定的超过 5 项（包括 5 项）可以诊断为网络成瘾。

虽然网络成瘾对于大学生的身心发展极其不利，但是不能因为网络的负面效果就禁止网络的使用，如何培养良好的上网习惯以避免网络成瘾，发生网络成瘾后如何纠正才是主题。

（1）培养良好的网络认识和习惯。摆正上网的心态，在网上汲取有用的信息来完善自我，但若过度使用则易导致心理障碍，网络生存并不能代替现实生活；能够正确地区分网络资源的优劣，熟悉网络的运用手段和规则；了解网络只是一种工具，能够正确理解依赖网络的危害性；培养自身的伦理道德观念，不能简单地认为在网上不会暴露真实身份就可以不遵守秩序规则；合理地安排上网的时间，能够有节制地使用。有报道指出，形成网络成瘾的患者被强制阻断后有一定的矫正效果，特别对于程度较轻者更为有效。美国的学者提出，让网络成瘾者在相反的时间上网，打破原有习惯，进而改变其在线停留的习惯，可以建立提醒卡片，制作个人的时间清单，便于控制网络使用时间。

（2）加强网络使用管理。家庭与高校要强化对网络的管理，对于不良信息及时纠正。大学生正在步入成熟的阶段，应该对其思想、行为予以正确的引导，给予必要的社会支持，使他们能身心健康地成长。

（3）培养良好人际关系和人格，丰富生活。大学生应该正确地评估自己，避免产生不切实际的自我期望，减少挫折感、自卑感；增进同学间的友情，多与他人沟通交流，学习人际关系的技巧；丰富校园生活，培养兴趣爱好，可以通过加强体育锻炼，听音乐、绘画、阅读、参加校园活动等方式来转移对网络的注意力，减少网络的吸引力；发现现实生活的乐趣，将生活的重心从虚拟的世界转移到现实世界中来。

(4) 对于不能适应校园生活的学生进行心理咨询，帮助其解决问题，缓解不良的情绪。在日常学习生活中培养学生面对挫折、挑战的能力，加强处理学业压力和人际关系的能力。已经网络成瘾不能自拔的学生应该积极求助，请专业的心理治疗师予以帮助。现阶段常用的心理治疗手段有：催眠治疗、认知治疗、药物治疗、厌恶治疗等方法。在高校中也可以展开团体心理辅导的方式，让网络成瘾的学生在一起学习交流，从他人的行为中认识自己的问题所在，互相鼓励和帮助。

二、大学生常见的心理疾病

心理疾病是一种病，是指一个人由于精神上的紧张、干扰，而使自己思维上、情感上和形为上，发生了偏离社会生活规范轨道的现象。

常见的心理疾病主要常见于与那些和情绪联系密切、由自主神经系统支配的器官系统，如心血管系统、胃肠系统、泌尿生殖系统、内分泌系统和呼吸系统等。常见的疾病有冠心病、原发性高血压、癌症、胃、十二指肠溃疡、溃疡性结肠炎、胃痉挛、精神性(心因性)厌食、支气管哮喘、慢性胰腺炎、甲亢、肥胖症、紧张性头痛、偏头痛、自主神经障碍、遗尿、月经不调、经前紧张症、类风湿关节炎、肌痛、荨麻疹、湿疹、过敏性皮炎、功能性子宫出血、口炎、口臭等。下面对大学生常见的心身疾病进行简要的分析。

(一) 偏头痛

1. 疾病概述

偏头痛高发于中青年和女性，部分典型偏头痛的病人病前有预兆：最初是视野中心有淡黑影或小盲点，后会出现肢体麻木，这些预兆消失后头疼便开始，此时有时一侧疼，有时两侧同时疼。偏头痛发生过程中病人通常面色苍白、恶心，甚至严重的可能有呕吐或腹泻的情况，这种症状一般持续 1 小时或几天，头疼消失后人会变得没有精神，出现嗜睡的情况。一般发作间歇期无症状，数周或数月后还可发作。

2. 治疗原则

首先消除或减少偏头痛的诱因，如避免情绪紧张，不饮用红酒，不进食奶酪等食物。发作时宜在光线较暗的房间内安静休息，对症用药。

3. 预防保健

适量的运动，长时间坐姿应该进行颈肩部的活动和放松；规律作息，保持良好的睡眠习惯，不要昼夜颠倒，要安静睡眠；适时为自己减压，保持愉快的心境；

摄食营养均衡，适量补充维生素 B2。

（二）神经性呕吐

1. 疾病概述

神经性呕吐又称为心因性呕吐，可看作是心理因素的躯体反应。家庭矛盾、突发事件、受到责难等原因造成的焦虑和紧张可以造成神经性呕吐。常见于年轻女性，查无躯体原因的反复不自主的呕吐，由于不愉快的环境或心理紧张而引起。一般发生在进食完毕后，无明显恶心及其他不适，突然出现喷射性呕吐，但不影响食欲，呕吐后即可进食，有时患者甚至边吐边进食。患者无减轻体重的主观愿望，体重多不减轻。

2. 治疗原则

缓解精神压力，通过认知和行为治疗改善患者的认知，进行行为纠正，配合改善稳定情绪的药品。

3. 预防保健

认识肥胖的标准，形成健康体态美的观念；增强心理素质，遇到挫折以及生活压力大时，应该及时疏泄情绪，缓解心理压力，消除紧张情绪。

（三）溃疡

1. 疾病概述

溃疡是由胃酸分泌过多而引起的常见疾病。高度紧张容易导致神经功能失调，导致胃酸分泌过多，引起消化性溃疡。好胜心强、事事想名列前茅、情绪波动大的学生容易出现溃疡，学习压力、对自己的过高要求都是促成溃疡发生的心理因素。

2. 治疗原则

心理干预消除不良的心理因素，避免精神紧张，可以配合使用抗抑郁药物、消化科药物的使用，以及抑酸制剂、抗生素和保护胃黏膜药物的合用。

3. 预防保健

要讲究生活规律，不可过分疲劳，起居要有规律；随时关注天气动态，保证衣着得当；饮食要卫生健康，减少辣椒等刺激性食物的食用。

第三节 影响大学生参加运动的心理因素

一、人们参加体育锻炼的动机

1. 为强身健体而锻炼

参加锻炼可以增强体质，促进健康。

2. 为丰富社会经验而锻炼

参加锻炼可以满足某些锻炼者的社会需要，许多锻炼项目可以使人结交新朋友或维持现存的友谊关系。

3. 为消遣和寻求刺激而锻炼

参加体育锻炼可以可使一些人体验到非常大的刺激和快感，可以参加一些具有冒险或高速度的运动项目，如登山、跳伞、滑雪、野外生存等。

4. 为丰富审美经验而锻炼

参加体育锻炼可以丰富自己的审美情趣，如雅致的美、匀称的美或其他艺术标准，可以参加像花样游泳、体操、体育舞蹈等运动项目。

5. 为磨炼意志而锻炼

人们可以通过参加长时间的、紧张的甚至十分艰苦的锻炼来磨炼自己的意志品质，如参加马拉松、攀岩或田径十项全能训练者多属此类。

6. 为精神发泄而锻炼

参加体育锻炼可以排除情绪上的紧张和压抑。

应当注意的是，这些因素之间彼此联系、交互作用，不能孤立看待。还应看到，大多数人参加体育锻炼绝非只有一个动机，而这些动机又会随时变化。

二、影响坚持体育锻炼的因素

（一）不参加锻炼的原因

了解不参加体育锻炼的原因对于体育锻炼指导者引导人们参加锻炼具有重要的意义。那些不参加体育锻炼的人总会找出各种各样的理由拒绝参加体育活动，这些理由不外乎就是“没时间”“疲劳”“体育设施不完备”“缺乏健康知识”或“缺乏意志力”等。下面对不锻炼的原因进行简要分析。

1. “没时间”

大部分人都会抱怨工作忙、家务负担重等，总之“忙”是他们无法参加锻炼的理由。然而“没时间”在大多数情况下只不过是一种个人感觉而已。不可能有人忙得连休息的时间都没有，人们能有时间看电视、读报纸，流连于酒吧或其他娱乐场所，却没有时间锻炼？所以说“忙”并不是真正的理由。

2. “疲劳”“太累了”

这是另一个不锻炼的“理由”。其实人们所感到的疲劳通常是心理上的疲劳，而不是生理上的疲劳。每天工作一结束就想躺着看看电视，这是一种情绪依赖。

3. “体育设施不完备”

许多人抱怨自己不能参加锻炼是因为缺乏健全的设备或设施。当然，我国目前大众体育设施也的确比较落后，虽然方便、健全的设施有助于吸引人们参加锻炼，然而，如果真有锻炼的迫切需求，就不难发现有许多设施可以很好地利用。例如散散步、骑自行车、慢跑或在自己的房屋附近任意活动，都是健身的有效方法，不一定非要有多么完备的锻炼设施。如果不喜欢锻炼，即使有了完备的设施也不一定能坚持锻炼。

4.“缺乏意志力”

意志力一般是指个体控制自己行为的个性特征或精神力量。那些曾多次试图锻炼但屡遭失败的人总会认为自己缺乏意志力。由于缺乏意志力的感觉往往又伴随着较低的自尊心，社会体育指导员应循循善诱，劝说这些人再次尝试着参加锻炼。同时，为了培养他们的自我控制能力，必须清楚哪些是影响锻炼的人为的因素，并设法改变这些因素。

5.“缺乏健康知识”

许多人不锻炼是由于不知道选择什么锻炼项目或应该怎样掌握练习进度，这是由于健康知识的匮乏，所以应大力宣传锻炼知识和健身方法，并鼓励人们主动自觉地学习和积累科学健身的知识。全社会都应重视这一方面的工作。

（二）影响坚持锻炼的因素

1. 早期锻炼史

许多研究表明，学生时期曾是运动员的人、幼年时期曾因锻炼获得过家长鼓励的人、在学校上过体育课或受过健康教育的人，比不具备上述条件的人更容易参加锻炼。由此可见，早期锻炼经历对于人们从事体育锻炼具有十分重要的意义。

2. 现有健康水平

虽然绝大多数研究并没有发现现有健康水平与坚持锻炼之间的关系，但也有一些研究表明，坚持锻炼者原本往往不如退出锻炼者健康，而且这些人也往往比身强力壮者更容易选择锻炼作为一条新生活的道路。

3. 吸烟与不吸烟

吸烟者比不吸烟者更容易退出体育锻炼。一项研究表明，吸烟者往往比不吸烟者更容易在参加锻炼的头几周之内就退出，而且是不吸烟者退出锻炼人数的数倍。

4. 其他因素

年龄、性别、婚姻状况、文化水平、经济收入、职业特点、个性特征态度等，都有可能成为锻炼的影响因素。上述每一因素可能并不足以独立影响人们坚持锻炼的行为。因此，人们不能孤立地看待这些因素，坚持体育锻炼的行为往往是多种因素共同作用的结果。

第四节　大学生心理健康促进与干预

一、大学生心理健康教育内容

针对大学生目前普遍存在的心理问题，大学生心理健康教育的重点应包括以下内容：

1. 情绪管理教育

健全心理最不可少的内容就是情绪教育，而洞察大学生内心世界的窗口同样也是情绪教育。若一个大学生总是在不良情绪的环境中压抑自身，长此以往，他的生活和学习都会变得糟糕，身心健康会受到严重的影响。情绪管理能够帮助学生更好地掌握自身的情绪不仅能帮助学生回归自身的生活，还能在学业、生活中获得强抗挫能力，以便能克服现实生活中的困境。

2. 健全人格教育

人在成长过程中，健全人格是伴随一生的心理品质。人格成熟意味着心理走向成熟、走向完善。高校是大学生建立完善人格的关键，因此，健全人格的教育不可忽视。在高校中，学生通过对健康人格理论和特征的学习，不断认识自己，学习成功者的人格特征，自我调节力和判断力不断提升，自我个性不断优化，培养出属于自己的健全人格，并使健全人格对自己的学习生活产生积极的影响。

3. 心理学教育

心理教育的学习是大学生活中的主题之一，不断提高学习能力，获得丰富的知识是大学生需要具备的基础能力。然而，现在大学生在学习动机、方法等最基本的学习条件上存在很大的问题。这些心理问题的出现离不开社会的影响，要避免这些心理问题，就需要高校进行大学生心理学教育，帮助大学生认清自己的学习误区，树立全新的学习理念，改掉不良的学习习惯，为自身的健康成长提供动力和保障。

4. 人际交往教育

一般来说，大学生在人际交往方面存在一定的困惑，这种困惑是大学生不良人际心理的重要因素。大学生在校园中要学习最为基本的人际交往的方式方法，同时要端正交往的态度。在人际交往的学习中，要有针对性地加强交往心理和交往行为训练，摆脱人际交往中的不良心理。与此同时，通过人际交往教育，会有强烈的交际愿望，保持主动的交往态度，能积极与人沟通，相互间换位思考。彼此尊重信任，成功地构建一种和谐健康的人际关系。

5. 性心理教育

性一直以来都是一个比较隐晦的名词。在大学生活中，恋爱和性教育也是十分重要的。在高校教育中，要塑立大学生正确的爱情观。要让大学生明白爱的真谛，争取培养两性关系，在做好学业的同时，处理好自身的恋爱、友谊等问题。正确地性教育会使大学生能科学认识和客观评价自我的爱情观，做好健康恋爱的心理准备。

6. 择业心理与职业规划教育

大学生面临着毕业择业的压力，因此，在高校教育中，择业教育一样重要。每个大学生都想有一份称心如意的工作，这就要高校结合实际人才需求，针对不同学生给予适当的职业规划。在帮助他们择业的同时更要注重学生心理的变化，帮助他们完善择业心理，实现在未来职业生涯中的自我价值。

二、大学生心理健康促进与干预的基本原则

1. 主体性原则

(1) 自我认知：自我认知是指认识自己的优点、不足和情绪变化，从而增强自我理解和心理领悟能力。

(2) 自我管理：控制自己的情绪，使之适时、适地、适度。

(3) 自我激励：能集中注意力，进行自我激励和自我把握，自觉发挥创新作用。

(4) 认识他人：认识他人是最基本的人际关系能力，具体是指换位思考感知他人的心理感受。

(5) 处理人际关系：正确地处理自己与他人间的关系，提高自我社会化欢迎度和人际效能。

2. 系统性原则

系统性原则是指从全局的角度去思考大学生心理问题。大学生的心理健康影响因素众多，故应既考虑大学生的自身情况，又要考虑教师和社会环境等因素的影响。大学生心理健康教育的效率受到学生、教师及社会环境等多种因素的影响。因此，应按系统性原则的要求，有计划、有步骤地开展大学生心理健康教育。

3. 集体性原则

校园中，班集体是学生组织中最基础的集体。此时，班集体应该发挥如下作用：

(1) 培养学生对班集体的热爱、向往情感。辅导员与班干部要善于利用每次校内外的集体活动，让每名学生融入活动之中，以激发他们对班集体的热爱、

向往之情。

(2) 培育良好的集体环境。辅导员要用心甄选班级干部，帮助他们成为先进集体的核心人员。

(3) 培养正确的竞争与合作意识。班集体里每位学生都是集体的组成部分，每位学生都要具有强烈的竞争意识和合作精神。

4. 发展性原则

发展性原则应以发展的眼光来看待大学生心理问题，高校教育活动不能仅仅停留在学生心理的预防阶段，要针对学生实际情况进行有目的性的正确心理教育。高校心理教育要利用有效的手段使大学生的心理素质和健康水平不断获得提升，进而成为社会需要的人才。

5. 平等性原则

所谓平等性，是指在大学生的心理教育过程中，要尊重学生的人格和尊严，给他们创造自由平等的环境。这就要求专职教师在心理教育中指导、改进学校的心理健康教育工作的同时，坚持以人为本的原则，用良好的教态和教法来提高心理健康教育质量，为学生的成才、幸福和平安着想。

三、大学生心理健康促进与干预措施

1. 转变思想观念，将心理健康教育和德育教育有机结合

确立一种全新的大学生心理健康教育理念，从全局出发，把心理健康教育作为高等学校德育的重要组成部分，加大心理健康教育工作的软、硬件投入；结合学科特点，对学生的认知能力进行培养和训练，积极运用心理学教育方法教育、引导学生。在加强大学生心理健康教育的同时，必须正确认识德育教育与心理健康教育的关系，将两者结合起来，真正做好高校教育。

2. 理性情绪行为疗法

所谓理性疗法，就是将哲学、行为及认知三者结合，在一定时间内改变大学生的心理情绪或行为。大学生面对社会生活的压力，思想情绪十分复杂。大学生的情绪与学习、生活及工作等因素关系密切。面对生活中的困境，要塑立正确的世界观、价值观、人生观，需要大学生克服自身心理障碍，走向健康。

3. 加强适应性训练

(1) 树立自信乐观的人生观

人生中挫折无处不在，无论是工作还是学习，面对挫折，我们要塑立积极乐观的人生态度。坚持不逃避、不畏惧，在失败面前不要害怕，最终定能战胜一切困境。

(2) 调整认知结构，完善自我意识

大学生需要主动地调节自身面对问题的态度或看法，将阴霾驱散，保持心中的平衡，将心中不良情绪淡化。

（3）学会自我调控，做情绪的主人

要善于控制个人的不良情绪，做到“不以物喜，不以己悲”，做好心理防护，保持愉快的心境。

（4）纠正大学生对挫折的错误认识

大学生对待挫折有很多错误认识，所以，帮助大学生正确地认识挫折是增强大学生挫折耐受能力的关键，应具体做到：① 善于从不同角度看待面临的挫折；② 以积极的态度冷静地分析和查找挫折的主、客观原因，努力找准挫折原因的形成症结，结合本人实际，采取对因整改的干预措施，合理有效地改变挫折情境，达到提高认识、总结经验、树立信心、奋发进取的整改目的。

（5）用榜样激励自己

榜样的激励作用是巨大的，因此，无论是家庭还是学校，都应要求大学生把伟大人物、时代英雄和劳动模范等作为学习楷模，以培养自己的意志品质和职业素质，不断激励、督促自己成长与进步。

4. 课程配套设置要结合学生心理

课程配套设置应根据不同年级大学生的心理需求设计课程内容，客观针对各自的身心特点，开展各种适当的心理健康教育，着重培养学生心理素质，发展相关能力。一般认为，大学一年级心理健康教育应侧重于大学生如何转变角色、建立和谐人际关系、更好地适应大学生活等内容；大学二年级心理健康教育应注重学生自我认识，帮助大学生树立正确的人生观等；大学三年级心理健康教育应侧重于大学生的情感教育，如何使性与爱、情绪与情感等因素协调等内容；大学四年级心理健康教育要重视对大学生的择业指导，教导他们如何走向社会和承担自身面临的社会角色等内容。

5. 建立“学校-家庭-社会”互助支持体系

努力构建“学校-家庭-社会”互助支持体系，营造良好的校园氛围，促进学生的心理健康。大学阶段的家庭教育是前期各阶段家庭教育的延续，这个阶段的家庭教育以非智力因素教育为主，教育内容应配合学校和社会推行综合素质培养。要求父母和子女间要成为朋友，父母要懂得倾听孩子的心声；全社会重视心理健康工作是提高大学生心理健康水平的基本前提和必要条件。因为只有全社会的共同努力，才能有效改善大学生心理健康状况。为此，应重点做到：一是要力争获得国家和政府的财政支持；二是正确地调控大学生的心理问题，为其创造更多就业或升学的机会；三是广泛调动社会力量，开展心理健康知识宣传，增强大学生心理保健意识等。

6. 大学生健康人格教育

健康人格教育可以培养大学生具有能适应现代社会需要的健康人格，应努力达到以下要求：

（1）健康心理居支配地位，形成乐观的态度、高尚的情怀以及平稳和谐的心态。

（2）以满足自我实现需求为主题，树立起远大的崇高理想，具有强烈的成就感和事业心，能在创业拼搏进取中逐步在实现人生价值的同时，为社会做出贡献。

（3）具备科学的人生观，能够对生命和健康有着正确的理解和认知，能自觉地热爱生命、正视生命和尊重生命。

（4）掌握广博、丰富、扎实的知识和技能，形成视野广、辐射强、融合深、可更新、易变通等特色的开放式知识结构；掌握一专多能、娴熟规范的职业技能；养成观察敏锐、分析透彻、推理严谨、符合逻辑的理性思维方法，对事物发展具有良好的预见性。

（5）具备高尚的道德情操、良好的工作效能及强适应能力，待人宽厚，受人尊敬。

第六章 体育运动促进大学生身心健康的措施

第一节 体育运动促进大学生身心健康的类型

一、有氧运动

（一）有氧运动的概念

有氧运动实际上是指长时间地进行运动（耐力运动），使得心（血液循环系统）、肺（呼吸系统）得到充分、有效的刺激，提高心肺功能，从而使全身各组织器官得到充足的氧气和营养供应，维持最佳的功能状况。因此，有氧运动应该是有较长时间的（大于20分钟，最好是30～60分钟）慢跑、游泳、骑自行车、步行、原地跑、有氧健身操等各种有益于提高心肺功能的运动形式。而静力训练、举重或健身器械、短跑等运动则称为无氧运动。尽管它们能够增强人的肌肉及爆发力，但由于不能有效地刺激心肺功能，其健身效果不如有氧运动。

（二）有氧运动的特性

有氧运动使人略感气喘，又不至于上气不接下气；使人稍微出汗，又不至于大汗淋漓；使人感到全身舒展，又不觉得肢体劳累。好的有氧运动应该是全身性运动，而不是上肢或下肢的局部运动。如果有氧运动再伴随着悠扬、悦耳的音乐，那么就更容易让人坚持投入，更容易取得良好的效果。因此，有氧运动具有如下特性：

1. 较长时间的运动

有氧运动应该持续20～60分钟，运动所需的能量主要通过氧化体内的脂肪或糖等物质来提供。

2. 全身性的肌肉活动

有氧运动时，全身参与的肌肉越多越好，最好有2/3的肌肉群要参与运动

（至少不得少于1/6）。相反，局部性的小肌肉运动，一方面容易引发局部疲劳，使运动中断，故不能持久；另一方面不易达到足够的氧气消耗量，当然就难以得到对心、肺及循环系统的刺激效果了。

3. 有一定的强度

有氧运动应维持在某一个特定的强度（中、低等之间），且持续时间达到20分钟或更长。

4. 有律动性

有氧运动是一种有律动的肢体活动。具有节律性的运动，运动强度比较容易得到控制，这样才可能将运动强度维持在合适的有氧运动强度的范围内，效果最好。断续性的运动强度变化大，效果不够理想。

（三）有氧健身示例

1. 健身走

（1）健身走概述

走是人们生活中最基本的运动形式之一，也是人们最早掌握的健身方法。千百年来长久不衰，原因是它不分年龄、性别、体质强弱，不受场地器材的限制，只要坚持就能强身健体，防治疾病，延年益寿。

（2）健身走的基本技术

健身走看似简单，却蕴藏着巨大的学问。掌握健身走的基本技术，形成正确的走姿，可以有效地增强体质和健美形体。

① 走路时头要正，目要平，躯干自然伸直，沉肩，胸腰微挺，腹微收。这种姿势有利于经络畅通，气血运行顺畅，使人体活动处于良性状态。

② 步行时身体重心前移，臂、腿配合协调，步伐有力、自然，步幅适中，两脚落地要有节奏感。

③ 步行过程中呼吸要自然，应尽量注意腹式呼吸的技巧，即尽量做到呼气时稍用力，吸气时要自然，呼吸节奏与步伐节奏要配合协调，这样才能在步行较长距离时减少疲劳感。

④ 步行时要注意紧张与放松、用力与借力之间相互转换的技巧，即可以用力走几步，然后再借力顺势走几步，这种转换可大大提高走步的速度，并且会感到轻松，节省体力。

⑤ 步行时，与地面相接触的一只脚要有一个“抓地”动作（脚趾内收），这样对脚和腿有促进微循环的作用。

⑥ 步行快慢要根据个人具体情况而定。研究发现，以每分钟走80～85米的速度连续走30分钟以上时，防病健身作用最明显。

(3) 健身走的方式

① 自然步法

自然步法分缓慢走(每分钟 60～70 步)、普通走(每分钟 70～90 步)和快速走(每分钟 90～120 步)。缓慢走和普通走适用于一般保健,每次 30～60 分钟。患有冠心病、高血压、脑卒中后遗症或呼吸系统疾病的老年人应减为每次 20～30 分钟。快速走适用于一般健身,每次 30～60 分钟。因快速走运动强度稍大,故适合需增强心脏功能者和减肥者采用。

② 摩腹散步法

摩腹散步法即在散步时,两手柔和旋转按摩腹部,每走一步按摩一周,正转反转交替进行。我国传统保健将之列为腹功,认为"两手摩腹移行百步除食滞",此法可促进胃液的分泌和胃肠道的蠕动,有助于防治消化不良和胃肠道疾病。每天坚持摩腹散步,对保持优美形体和消除腹部脂肪也有良好的效果。

③ 倒行法

预备姿势立正、挺胸、抬头、平视、双手叉腰,拇指向后,按腰部的"肾俞"穴位,其余四指向前。倒行时,左脚开始,左大腿尽量向后抬,然后向后迈出,全身重心后移,前脚掌着地,重心移至左脚,再换右脚交替进行。为了安全应选择场地平坦,周围无障碍物的地方进行。

由于日常生活中躯体向前活动量超过向后的活动量,加上躯体俯仰活动不平衡,背伸活动较少,因此人体易形成姿势性驼背和四肢关节功能障碍以及腰肌劳损。而倒行法锻炼能使腰部肌肉有规律收缩或放松,有利于腹部的血液循环改善,加强腰部组织新陈代谢。长期倒行锻炼,可以防治腰肌劳损、姿势性驼背,有利于保持人的形体健美和增强运动能力。

④ 摆臂步行法

以每分钟 60～90 步步行,两臂用力前后摆动,可增进肩部和胸廓的活动。适用于有呼吸系统慢性病的患者。

⑤ 竞走法

躯干保持直立或稍向前倾,两臂弯 90°左右,配合两腿前后摆动。先脚跟着地,然后滚动全脚掌落地,膝关节要伸直。脚落地后,身体顺惯性前移,当支撑腿垂直地面时,摆动腿大腿向前摆,小腿随大腿向前摆出,此时摆动腿带动同侧髋关节向前送出。竞走法适用于中青年人,可增强人的耐力和关节灵活性,也可用于散步之间进行短暂调剂,以减少因长期用一种姿势走路而造成的疲劳,增加健身走的乐趣。

2. 健身跑

健身跑是通过跑步有效地增强身心健康的一项群众性健身活动。它虽然不那么吸引人，但确实是最简单、最有效的有氧运动。

(1) 健身跑的基本技术

① 跑步的姿势

跑步时姿势正确，才能跑得快而省力。上体要正直微前倾，头与上体在一条直线上不要左右摇晃。两臂的摆动除了维护身体平衡外，还能帮助两条腿的蹬地和摆动，加快跑的速度。摆臂时两臂稍离躯干，前后自然摆动；两手自然半握拳，肘关节要适当弯曲，以肩关节为轴，尽量做到前摆不露肘，后摆不露手，并且注意不要低头、弯腰和端肩。两腿后蹬是推动身体前进的动力，后蹬时应积极有力，髋、膝、踝三关节充分伸直，腿的前摆可以加大跑的步伐，前摆时大腿放松顺惯性向前成自然折叠。

② 跑步的呼吸

跑步是一项消耗体力比较大的运动。在跑步过程中，要通过肺脏吸收大量氧气和排出二氧化碳。肺的换气量是否充分，呼吸动作是否正确，是疲劳出现迟早的关键。跑步时最好用鼻呼吸，在呼吸深急的情况下，也可用口协助呼吸。呼吸要慢而深，有一定的节奏，一般是两步一呼两步一吸，也可以三步一呼三步一吸。随着跑的速度加快，呼吸深度应加深，节奏加快，以满足身体对氧气的需要。

在进行强度较大的跑步练习时，呼吸频率增加很快，初学者往往会感到呼吸困难，要防止呼吸困难现象的出现，首先要适当安排运动强度和负荷量，要从实际出发，量力而行；其次要注意呼吸动作，调整呼吸节奏和加大呼吸深度。

(2) 健身跑的方式

① 慢速放松跑

慢速放松跑较简单，慢的程度可以根据自己体质而定，老年人或体弱者可以比走步稍快一点，呼吸以不喘大气为宜。全身肌肉放松，步伐轻快，双臂自然摆动。在跑步一开始应注意呼吸的深、长、细、缓，有节奏。运动时间一般以每天20～30分钟为宜，每周5～6次，也可隔1天1次。

② 变速跑

变速跑就是在跑的过程中，快跑和慢跑交替进行的一种跑法，它适合体质较好的锻炼者。变速跑可根据自己的身体状况随时改变速度。如可慢速跑与快速跑交替，或中速跑与快速跑交替等。随着锻炼水平的提高，逐渐提高变速跑的速度，逐渐增大运动量，以最大限度地发挥健身跑的作用。

③ 跑走交替

此方式适合初学初练者或体弱者采用。通过十几周走跑交替的锻炼，就可以连续跑15分钟，几个月后就可以连续跑几千米了。

在跑走交替的锻炼方式中，也可以做一些变化，如可以跑跳交替，即跑一段后跳上 3～5 次，再跑一段，再跳 3～5 次。这样可使肌肉关节在长时间墨守成规的活动中得到休息，可缓解疲劳，同时锻炼弹跳力，也可增加跑步乐趣。

④ 定时跑

定时跑有两种。一种是每天必跑一定时间而不限速度的跑步。如第一阶段：适应期 10～20 周，每周 3 次，每次连续跑 15 分钟。第二阶段：适应期 6～8 周，每周 3 次，每次 30 分钟；巩固期 4 周，每周 3～5 次，每次 30 分钟。身体允许进行更大强度锻炼的年轻人，还可以每周跑 3 次，每次 45 分钟，最长可达 60 分钟。另一种是限定在一段时间内跑完一定距离的方法，开始时，可限定较长时间跑完较短距离，如在 5 分钟之内跑完 500 米。以后随着体质水平的提高可缩短时间加快跑的速度，或延长距离加快速度，以提高速度耐力素质。

⑤ 越野跑

凡在公路、田野、山地、森林等进行健身跑锻炼的，称之为越野跑。由于越野跑将运动和自然锻炼结合起来，所以越野跑的健身效果更佳。

3. 健身操

(1) 健身操概述

健身操是运动医学专家为人们健身而专门设计的一种简单易行的锻炼方法，也是人们为了锻炼和增强生活体力而需要的一种运动方式，在日常生活中无论何人都可以随时随地进行练习。

(2) 健身操的练习方法

健身操的种类很多，下面介绍日常生活中具有较好锻炼效果的三种运动方式。

① 拉伸运动

拉伸运动可以充分伸展身体的各肌肉群，扩大各关节能动范围的运动，可以使整个身体变得柔软，动作变得轻便。具体动作如下：

a. 深呼吸

双脚并拢，挺胸，吸气，两臂经体侧直臂缓慢上举至耳朵两侧；然后呼气，并将手臂向后伸展，然后缓慢放下(图 6-1)。重复做 2 次。

b. 脚尖站立

双脚分开，与肩同宽站立。保持这个姿势提起和放下足跟(图 6-2)。注意要保持上身直立，重复做 4 次。

c. 拉伸跟腱

将两腿前后大幅度分开，两手放在前面腿的膝盖上。后腿的足跟不要离开地面，将中心移到前面腿上，保持 5 秒(图 6-3)。左右交替各做 2 次。

d. 伸展大腿前部

图 6-1　深呼吸

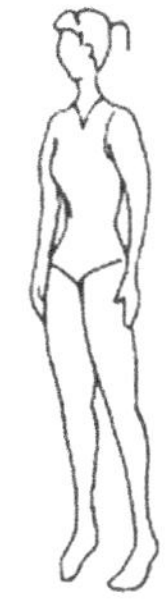

图 6-2　脚尖站立

双脚并拢站立，用手抓住同侧的脚尖和脚踝，将足底向臀部靠近，保持 5 秒（图 6-4），另一只手可扶着墙壁或桌子。左右交替各做 4 次。

图 6-3　拉伸跟腱

图 6-4　伸展大腿前部

e. 弓背

两脚分开，与肩同宽站立，手在体前交叉。轻轻弯曲膝盖，一边呼气一边收腹，像要看小腹一样，慢慢弯曲背部（图 6-5），然后慢慢还原。重复做 2 次。

f. 扩胸

两脚分开，与肩同宽站立，手在体后交叉。手臂尽量向后伸展，充分扩胸（图6-6）。重复做 2 次。

g. 伸展髋关节

两腿大幅度张开，两手放在膝盖上。一边用手按住膝盖，一边将一侧的肩部向前探出，保持 3 秒（图 6-7）。左右交替各做 2 次。

h. 伸展肘部

两脚分开，与肩同宽站立。将一侧的手臂向反方向伸展，用另一侧的肘部夹住，轻轻向侧面拉伸，也可以握住肘部向侧面拉伸（图 6-8）。左右交替各做 2 次。

图 6-5 弓背

图 6-6 扩胸

图 6-7 伸展髋关节

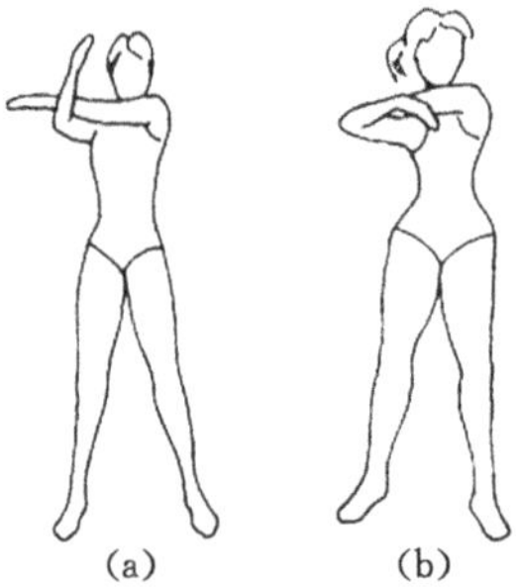

图 6-8 伸展肘部

i. 扭转身体

两脚分开，与肩同宽站立。伸直肘部，转身，将两臂轻轻摆向斜后下方，脸部也同时转向手臂的方向。一边扭转身体，一边将手臂大幅度向斜后方上举（图 6-9）。左右交替各做 2 次。

② 平衡运动

平衡运动可以提高平衡神经和肌肉功能，培养平衡感。具体动作如下：

a. 单腿站立

双脚稍微分开，将一条腿的膝盖轻轻弯曲，单腿站立，保持 30 秒（图 6-10）。双手要离开身体，弯曲的膝盖不要靠在站立的腿上。左右交替各做 1 次。

b. 功能范围运动

两脚分开，与肩同宽站立，两臂前平举。脚跟不要离开地面，慢慢呼气，将身体尽量前倾（图 6-11）。重复做 2 次。

c. 单腿平衡

两脚分开，与肩同宽站立，两臂侧平举，将一条腿的大腿抬到水平高度，保持 5 秒（图 6-12）。左右交替各做 2 次，熟练后可延长到 10～20 秒。

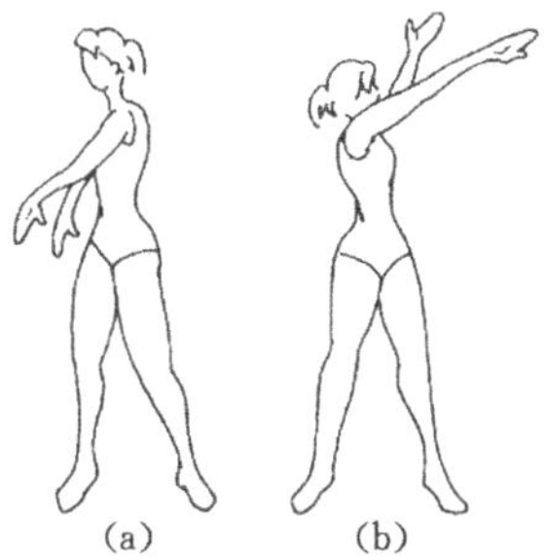

图 6-9　扭转身体

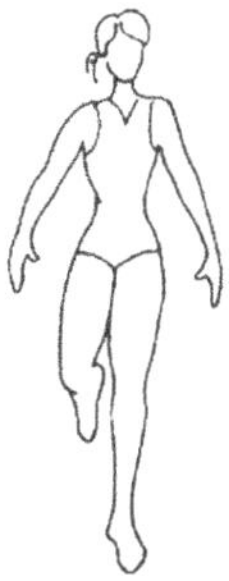

图 6-10　单腿站立

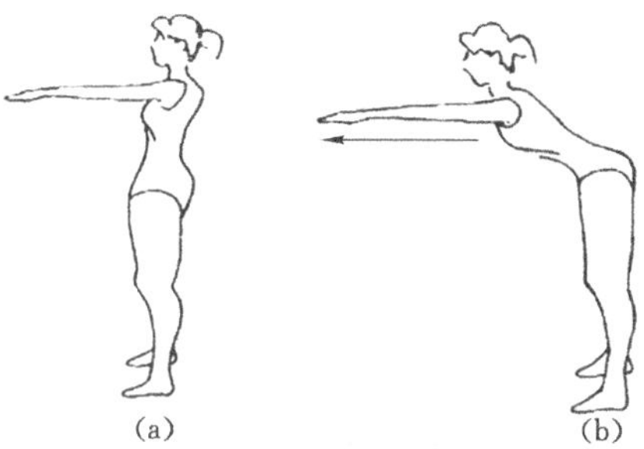

图 6-11　功能范围运动

图 6-12　单腿平衡

d. 倒退行走

双脚并拢站立，直线向后倒退走 3 米左右(图 6-13)。

e. 抬腿拍手

两脚分开，与肩同宽站立。将大腿抬高，屈膝，在膝关节下方拍手(图 6-14)。

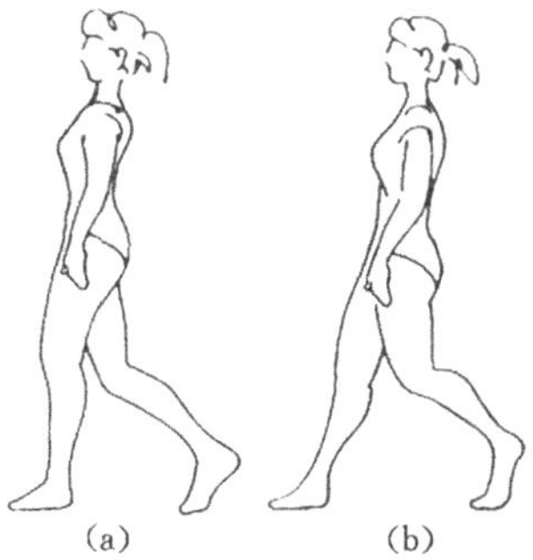

图 6-13　倒退行走

图 6-14　抬腿拍手

左右交替各做 4 次。

③ 肌肉运动

肌肉运动可以通过逐渐刺激肌肉收缩，提高肌肉的运动功能，可以使开始衰弱的肌肉再生，具体动作如下：

a. 抬腿

坐在椅子上，将一条腿的膝盖抬高，尽量靠近胸部(图 6-15)。左右交替各做 10 次为 1 组，做 2 组。

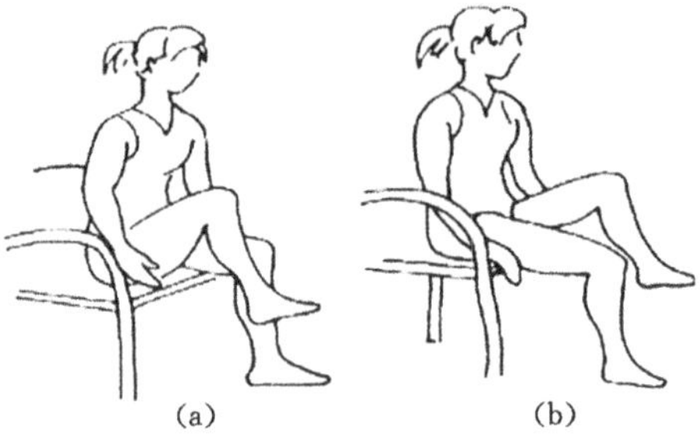

(a) (b)

图 6-15 抬腿

b. 坐起

坐在椅子边上，两脚分开，稍宽于肩。保持这个姿势，慢慢站起，坐下(图 6-16)。5 次为 1 组，做 2 组。

c. 扶壁站立踏步

两脚分开，与肩同宽站立，双手扶墙，大腿抬到与地面平行的高度(图 6-17)，每组做 40 次踏步，做 2 组。

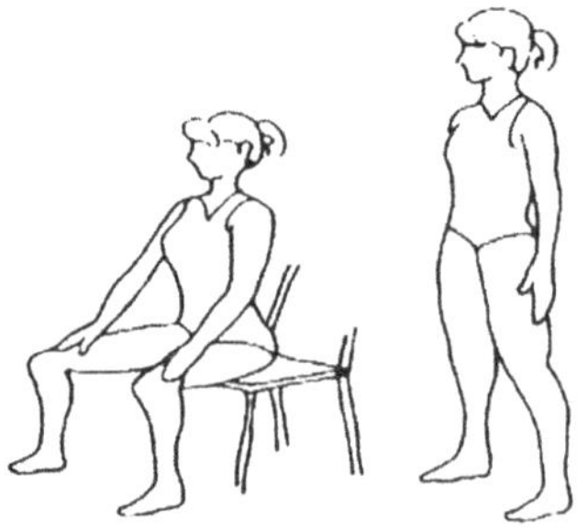

(a) (b)

图 6-16 坐起

图 6-17 扶壁站立踏步

d. 扶椅蹲起

两手轻轻扶在椅背上，两脚大幅度张开站立。上体正直，屈膝至半蹲的状态(图 6-18)。5 次为 1 组，做 2 组。

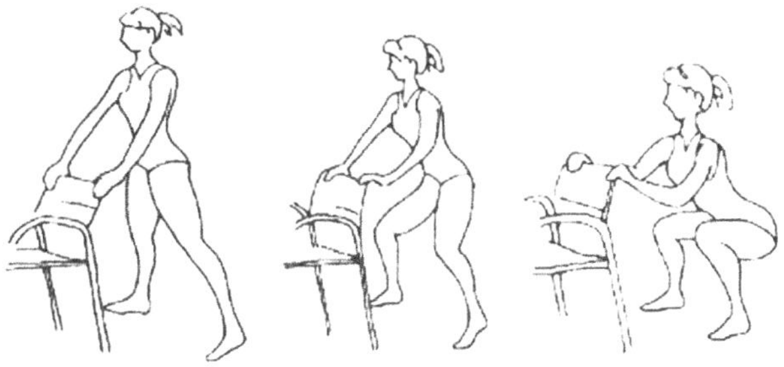

(a) (b) (c)

图 6-18 扶椅蹲起

e. 上臂弯曲运动

两脚分开，与肩同宽站立，双手握住装有 500 毫升水的塑料瓶。收紧腋下，吸气时慢慢弯曲手臂，呼气时伸直手臂(图 6-19)。5 次为 1 组，做 2 组。

f. 立式俯卧撑

两脚分开，与肩同宽站立，手臂张开，与肩同宽，扶在墙上，慢慢做弯曲、伸直手臂的动作。手臂要弯曲到额头或下巴碰到墙壁的程度(图 6-20)。6 次为 1 组，做 2 组。

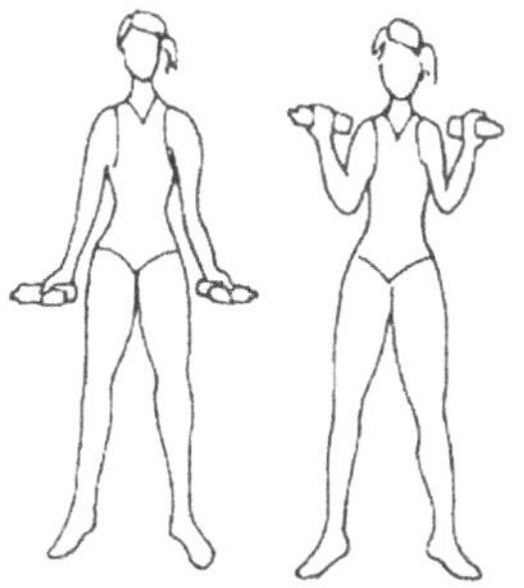

图 6-19 上臂弯曲运动

图 6-20 立式俯卧撑

g. 单腿屈伸

两脚分开，与肩同宽，侧对墙站立，手扶墙壁。轻轻弯曲一条腿的膝盖，单腿慢慢下蹲(图 6-21)。注意上体不要前倾，单腿各做 5 次为 1 组，做 2 组。

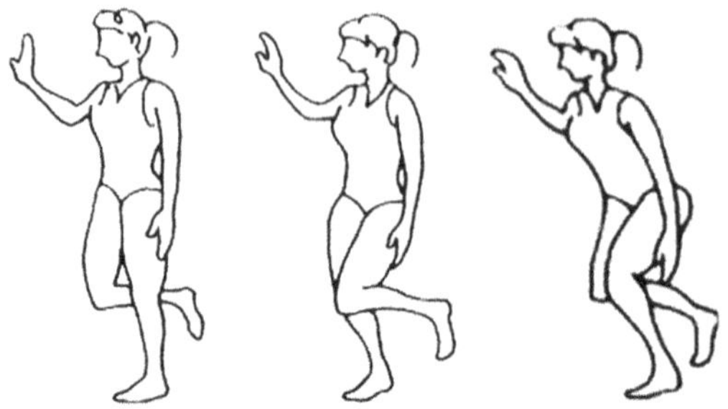

图 6-21 单腿屈伸

h. 蹲起

两脚分开，宽于肩部站立，手在身后握住，脚尖稍向外。吸气时，慢慢屈膝半蹲，呼气时还原(图 6-22)。5 次为 1 组，做 3 组。

i. 提肩

两脚分开，与肩同宽站立，双手握住装有 500 毫升水的塑料瓶。吸气时，将两臂抬高至下巴，呼气时，放下手臂(图 6-23)。10 次为 1 组，做 3 组。

图 6-22 蹲起

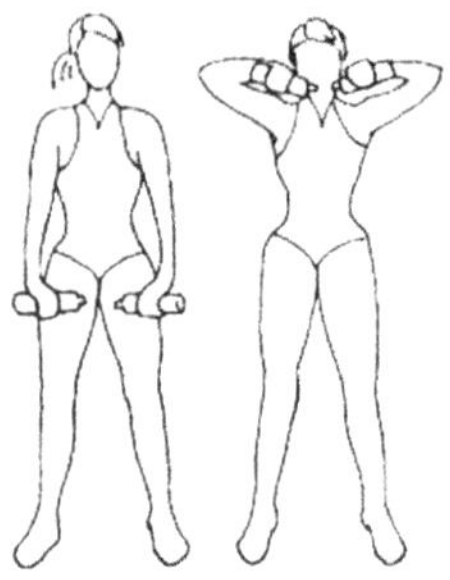

图 6-23 提肩

二、休闲运动

(一) 休闲运动的概念

休闲运动是体育的重要组成部分，是休闲的重要内容，是以体育活动项目为基本手段，强调个体的直接参与性，以及活动的娱乐性和丰富业余文化生活的非功利性目的。本书此处主要以定向运动、毽球运动、轮滑运动为例进行说明。

（二）休闲运动示例

1. 定向运动

定向运动就是指运动员借助定向地图和指北针，按组织者规定的顺序和方式，自我选择行进路线，并到访地图上所标示的地面检查点，以通过全检查点，用时较短者或在规定时间找到检查点得分多者为胜的一种体育运动。

定向运动按照不同的分类标准，可以进行不同的分类：

(1) 按照参加人数，可以分为个人定向、双人定向、多人定向、集体定向等。

(2) 按照场地状况，可以分为野外定向、公园定向、校园定向和场地定向等。

(3) 按照使用器材状况，可以分为徒步定向、自行车定向、滑雪定向、轮椅定向(残疾人比赛)等。

(4) 按照比赛的形式，可以分为短距离定向比赛、中距离定向比赛、长距离定向比赛、接力定向赛、团队定向赛、百米定向比赛、积分定向赛、夜间定向赛等。

(5) 按照参加者的水平，可以分为体验组定向比赛、精英组定向比赛、家庭组定向比赛、不同色级组定向比赛(国际上是按照由浅色到深色可分为7级或5级定向的)。

定向越野作为定向运动的典型形式至今已成为一项风靡全球的运动项目。它以其独特的运动方式和富有挑战性的运动魅力，吸引了成千上万的中国大学生投入其中。

2. 毽球运动

踢毽子对男女老少都适宜。老年人和慢性病患者，可以通过不十分激烈的动作进行练习，坚持下去大有好处。

踢毽子运动量可随意控制，可视自己的体能来确定运动量，不必与人争抢冲撞，不受场地限制，占地小，器具简单，投资少，男女老少都可参加。

其踢法多种多样，有单人踢、双人踢、多人踢、正踢、反踢、交叉踢等两三百种花样。

踢毽子寓游戏于运动之中，只要玩得开心，合理掌握运动量，不但能够达到强身之目的，还能享受到其中的乐趣。

毽球运动融入了足球的脚法、羽毛球的场地和排球的战术。开展踢毽运动，还对其他体育项目运动技术的提高有促进作用。

踢毽子时主要是下肢运动，用腿和脚做踢、接、落、跳、绕等动作，使下肢的关节、肌肉、韧带得到充分的锻炼，但同时对全身的影响也很大。如毽子的跳踢，不但要跳，而且要求腰部的动作、上肢的摆动也同时完成。连续跳踢数十次，可使心率增加到160次/分钟左右。因此，踢毽子是一项全身运动，活动量很大，有时甚至还很激烈。经常参加踢毽子运动,不仅可以使下肢肌肉变得有力、韧带富有弹性、关节灵活,而且可以使心肺系统得到全面锻炼,促进血液循环,还能帮助肠胃消化。

3. 轮滑运动

过去人们一般称轮滑运动为“滑旱冰”,它是水、冰在陆上辅助训练过程中逐渐演变形成的运动项目。

作为一种娱乐项目,轮滑于19世纪末传入我国。而作为一项体育项目,轮滑在20世纪80年代初才开始在我国发展起来。目前,轮滑运动在我国还处于发展阶段,但作为一种休闲运动,早已在全国各地普及了。目前我国几乎所有的大中城市都开展了轮滑运动,每个城市至少都有几个溜冰场,不仅青少年参加,一些老年人、中年人也纷纷参与,成为一项普及面较广的群众性体育运动。2006年,在苏州举行的世界杯环太湖轮滑马拉松赛上,共计约1 500名选手参加了比赛。

第二节　体育运动促进大学生的生理健康

一、体育运动促进大学生体态健美

在人类文明发展史上,人体的健美历来为人们所重视。俄国著名诗人马雅可夫斯基曾说过:“世界上没有更美丽的衣裳像结实的肌肉与古铜色的皮肤一样。”古希腊最受人崇拜的,往往是那些战场上强壮矫健的战士和运动场上结实的竞技胜利者。在当时,具有虎背熊腰的躯干、饱满宽阔的胸部、结实隆起的肌肉、粗壮有力的四肢,是获得美男子称号的重要条件。

(一)体育运动与形体健美

1. 形体健美的概念

形体即身体的形态。形体健美是指具有强壮的体格、健美的体形、良好的姿态及高雅的气质和风度的一种综合的身体美。

(1)强壮的体格是形体健美的基础

体格是反映人体外表形态结构和生长发育水平的重要指标,它包括身高、体重、胸围、肩宽、上下肢长度、皮肤等各方面的指标。体格的强弱是构成人体健美体形的基础。

(2)匀称的体形是形体健美的基本特征

体形是人类身体结构的类型,由人体外表形态结构特点和身体各个组成部分的比例来区分。经常进行科学的体育运动，可以逐渐改变和美化人的体形。

(3) 良好的姿态使形体健美添姿彩

身体姿态又称为体态，是人们在长时间学习、工作、生活中形成的一种习惯的姿势定势，它主要受后天环境和个人知识水平、文化素养的影响。我国古代对基本姿态美就有严格的标准，即行如风、站如松、坐如钟、睡如弓。优美的动作姿态、潇洒的风度可以为形体健美添姿彩。通过形体健美运动，可以改善各种体姿，培养良好体姿。

(4) 高雅的气质风度是形体健美的灵魂

如果说形体健美是身体外在的美，那么高雅的气质风度则是人体内在的美。因此在追求形体美的同时不能忽视心灵美的塑造，只有时时注意自身的修养，具备高尚的情操，才能形成高雅的气质风度，才可表现良好的体态，展现出真正的健美体形。

2. 形体健美的标准

我国体育美学研究人员结合古今中外美学专家对人体健美的理解，结合我国民族体质和体形现状，提出了人体健美的十条基本标准：

(1) 骨骼发育正常，关节不显得粗大凸出。

(2) 肌肉发达匀称，皮下有适当的脂肪。

(3) 头顶隆起，五官端正，五官与头部比例配合协调。

(4) 双肩平正对称，男宽女圆。

(5) 脊柱正视垂直，侧视曲度正常。

(6) 胸廓隆起，正背面均略呈倒三角形，女子乳部丰满而不下垂，侧看有明显曲线。

(7) 女子腰略细而结实，微呈圆柱形，腹部扁平，男子有腹肌垒块隐现。

(8) 臀部圆满适度。

(9) 腿长，大腿线条柔和，小腿腓肠肌稍突出。

(10) 足弓较高。

3. 体育运动是形体健美的基本手段

人的体形是一种先天的自然形态，骨髓是体形的基础。四肢的长短、粗细，以及脊柱、胸廓等的发育和形体有直接的关系。但是骨骼并不是构成人体形态的全部因素，人的外形还要靠肌肉与脂肪去体现。体育运动对人的体形十分重要。合理的锻炼能够促进脊柱、胸廓和骨盆等支持器官的发育，也可以使胸大肌发达，胸脯显得厚实饱满，也可以使腿部肌肉强壮起来，走路变得轻快有力，让人看到生命的节奏，留下健美的印象……总之，瘦长的人，可以多进行力量性锻炼，使肌肉丰满结实，改善体形；矮胖的人通过锻炼可以促进新陈代谢，增加能量消耗和脂肪氧化，减轻体重，逐步使体形端正匀称。青春期是塑造形体美的最佳时期，大学生应积极参加体育运动，使人体形态得到最佳的塑造。

（二）肌肉力量及锻炼

丰满发达的肌肉，既给人以刚劲有力之感，又给人以极大的青春魅力。然而，发达的肌肉只有通过锻炼才可获得。因此，要想获得丰满的肌肉、健壮的体格，就要积极从事肌肉力量的锻炼。

1. 肌肉力量锻炼的方法

进行肌肉力量锻炼，可选择徒手或各种器械练习。如做俯卧撑练臂部及胸背肌力，向上纵跳或单、双足连续跳练习腿部肌力，仰卧起坐练腹部肌肉等。而哑铃、沙袋、杠铃，以及橡胶带、肋木等均可作为器械进行肌肉力量练习；最简单的单杠引体向上、双杠双臂屈伸、肋木悬垂举腿等练习也是肌肉力量练习的好手段。

无论采用何种手段锻炼，要想取得最佳效果，必须注意合理选择练习的重量、每次重复练习的次数、每周练习的频度等。制订一个计划，不要盲目练习，以免练习太少了效果不佳，而重量过大或次数过多又易发生肌肉损伤。

(1) 最大负荷百分比(Percent，简称 P)

P 指力量练习中应采取多大的负荷重量。每个人的力量基础不同，在力量锻炼中应找出适合自己锻炼的负荷重量，这一重量是以个人负重最大负荷的百分比来衡量的。实际应用中以某一重量的最大重复次数(Repetition Maximun，简称 RM)作为标志。如某一重量甲能连续举起 10 次，乙只能连续举起 5 次，那么这一重量对甲来说是 10RM，而对乙来说则是 5RM。

不同的运动项目，对力量的要求不同。因此对负荷重量的选择也应该考虑到不同运动专项的需要。如练举重、投掷项目，负荷重量应大些，可在 5RM 以内；练短跑和跳跃项目，可采用(6～10)RM；中跑项目宜在(10～15)RM；长跑项目则采用轻负重而多次重复，可用 3RM 等。

(2) 每组练习时的间隔(Interval，简称 I)

I 指力量练习时两组练习的间歇时间。该间歇时间以多长时间为宜，可视训练水平、体质状况、负重大小等不同情况，在 80 秒至 5 分钟之间选择。

(3) 一次重复次数(Repition，简称 R)

R 指每组练习重复的次数。以 RM 的最高次数为准，如 10RM，则每组练习的重复次数为 10 次。同时还要考虑循序渐进的原则，在练习中可这样安排：第一组练习为 1/2×10RM 重量重复 10 次，第二组练习为 3/4×10RM 重量重复 10 次，第三组练习为 10RM 重量重复 10 次。注：如 10RM 的重量为 80 千克，则

1/2×10RM 的重量即为 40 千克。其他 RM 负荷可参照上述方案制订或酌情增减。

(4) 完成重复练习的时间(Time,简称 T)

T 指完成一次重复练习的时间。一般可在 5～15 秒内完成,不宜过慢。但耐力项目重复次数多的一般可在 20～25 秒内完成。

(5) 组数(Set,简称 S)

S 指一次练习中安排的组数。一般可安排 3～6 组。有专家认为在力量练习中每周练习 3 次,每次练习为(3～6)RM,力量增大明显。

2. 肌肉酸痛的预防与对策

肌肉力量锻炼过程中,往往会出现肌肉酸痛的现象,而且这种酸痛多发生在运动后,故称为肌肉延迟性疼痛。这是正常的生理现象,不必产生顾虑而动摇锻炼的决心。通过一定的措施可以预防或减缓、消除肌肉酸痛。要预防肌肉酸痛可注意以下几点。

(1) 合理确定锻炼负荷。应根据不同体质、不同健康状况科学安排锻炼,负荷不能过大,也不宜增加过猛。

(2) 避免局部肌肉负担过重。锻炼时,要避免长时间集中练习身体某一部位,以免造成局部负荷过大。

(3) 充分的准备活动。这对预防肌肉酸痛有明显作用。

(4) 不可缺少的整理运动。锻炼后应做整理活动,除进行一般性的放松练习外,还可以做一些肌肉伸展牵拉练习,以预防局部肌肉痉挛,避免肌肉酸痛的发生。

当肌肉酸痛出现以后,可以采取以下对策缓解和消除肌肉酸痛:① 热敷和按摩。对酸痛的局部肌肉进行热敷可促进血液循环及代谢过程,有助于损伤组织的修复及痉挛的缓解。② 伸展练习。对酸痛部位进行静力牵拉练习,保持伸展状态 2 分钟,然后休息 1 分钟,重复进行,每天做几次,有助于缓解痉挛。③ 口服维生素 C。维生素 C 有促进结缔组织中胶原合成的作用,有助于加速受损组织的修复,从而减轻和缓解酸痛。

二、体育运动有助于大学生的智力促进和反应灵敏

人的任何活动都是在神经支配下进行的,运动器官的每个动作及身体器官系统的生理活动都以刺激的形式作用于神经系统。大脑皮层是人体生命活动的最高级中枢,是人们进行思维活动的物质基础。大脑皮层通过外周神经接受来自机体内、外环境变化的各种刺激,通过分析和综合,产生感觉、思维,并发出下传冲动,使机体各方面的活动与环境变化相适应。

（一）体育运动促进大学生的智力增长

有人做过这样的测算：人的大脑每天要接受 8 600 多条信号的刺激，一生中可储存 100 万亿条信号。可见人的大脑功能是多么复杂。大学的学习生活是紧张的，要想获得很好的学习效果，应该学会科学用脑，将学习、体育运动、睡眠、营养等合理结合和安排。

1. 善于用脑

大脑分为左、右两半球，两个大脑半球功能各有侧重。大脑左半球在语言、书写、计算、思维、判断等方面起主导作用，大脑右半球在音乐、美术、技艺、空间知觉等方面起主导作用。在学习的过程中，同学们可以有意识地交替使用左、右半脑。如在阅读、复习、计算、作业（这时使用左半脑）后，听一段音乐或看一些绘画或进行一些适当的体育活动（这时使用右半脑），这样有助于左半脑的恢复与再利用，有利于提高学习的效率。

2. 适时用脑

研究人员发现脑的活动规律可因各人的学习、生活习惯不同而有所差异。一般人的大脑功能活动每天至少有 3～4 个脑力活动记忆高潮，分别是早晨起床后、上午 8～10 点、下午 6～8 点和临睡前 1 小时。而有些人阅读写作最佳时间却是在晚上 7～11 点，等等。因此，每一个人都应尽量根据自己用脑习惯的时间来安排自己的学习，以获得单位时间内最佳的学习和工作效率。

3. 保证良好而充足的睡眠

大脑是人体最精细微妙的组织，也是最容易出现疲劳的组织。长时间地学习、工作，会导致脑细胞的疲劳，使工作效率下降。睡眠时，脑血液供应增多，给脑细胞提供足够的氧气、营养和能量，加快代谢过程，促进精力恢复。因此，充分而良好的睡眠是消除大脑疲劳最主要的措施。大学生一天睡眠时间应保证 8～10 小时。

4. 保证大脑的营养供应

及时补充营养，也是科学用脑的重要方面。大脑需要脂类、糖类、蛋白质、维生素等大量营养物质。其中，蛋白质是神经细胞内各种成分更新的原料，是维持细胞形态、机能、记忆、智力的必需物质；B 族维生素是神经细胞营养所必需的；维生素 C 则有抗组织胺、阻断过氧化物形成的作用，有利于神经细胞的代谢……为了使大脑细胞经常处于良好的工作状态，应该及时全面地补充足够的营养。

（二）体育运动促进大学生的灵敏反应

体育运动能有效提高脑细胞的生理功能，使神经细胞的兴奋强度、兴奋抑制转换的灵活性及均衡性都获得提高。在体育运动时，人体肌肉活动及内脏器官的活动要比安静时复杂得多，因而负责指挥协调各器官的神经系统的活动当然也比安静时繁忙得多，这对神经系统是很好的锻炼。经常锻炼，有助于大脑神经细胞工作能力的提高，反应灵活迅速、准确协调而不易疲劳。

体育运动还有助于使思考敏锐、记忆力增强，提高大脑的工作效率。这是因为适当的运动使身体循环血流量增加、血流速度加快，从而使得脑细胞的血液供应量和氧供应量均增加，有利于脑细胞思考效率的提高。另外，在长时间的学习与思考中，那些专管学习与思考的神经细胞会产生一定的疲劳，由兴奋转为抑制。这时如果进行一定的体育活动，由于指挥运动肌肉的神经细胞群的兴奋，而使原来主管学习思考的神经细胞获得更充分的休息，因而有助于使头脑清醒、思考敏锐，从而提高工作效率。

第三节　体育运动促进大学生的心理健康

一、大学生心理健康的标准

针对大学生这一群体，我国的学者认为心理健康的标准有七条：

1. 智力正常

智力指人认识、理解及运用客观事物的能力。智力是一个人能够完成学习、工作、生活所必需的心理条件。一般而言，能够步入大学殿堂的学生智力水平均属正常范围之内。在大学生中正常的智力充分发挥的表现是能够有强烈的求知欲和浓厚的探索兴趣，在其认知活动和实践中都能积极协调地参与，且乐于学习。

2. 意志健全

意志健全的学生在面对活动中各种问题时，都能够及时有效地解决，遇到困难能够正确地做出反应，能够有坚定的克服困难的勇气和行动，并且能在行动中控制情绪和言行。

3. 人格完整

大学生人格完整的主要标准是：气质、能力、性格和理想、兴趣、动机、人生观等方面平衡发展；自我意识明确，不混乱；具有积极性的人生态度，并能将目标、需求及愿望等结合起来。虽然气质等一些人格特质与遗传有关，但是大学生应该有培养和完善自身人格的观念。

4. 自我评价正确

大学生心理健康的重要条件就是正确的自我评价，只有真正地认识自己，才能对个人的性格和能力进行正确的评估和理解，能够取长补短。既不会对自己提出难以完成的目标和期望，也能够在现实情况下结合自身的特点来设计生活目标和理想，常常能达到自我的认同，保持良好的心境。

5. 人际关系和谐

大学生良好的人际关系主要表现为：善于与他人交流；有自己的个性和独特的见解；对待别人能够宽厚，乐于助人。

6. 适应能力强

大学生应当对自然和社会环境具有较强的适应能力，敢于正视人生与社会变化与挑战，选择积极的方式调节自身与社会期望之间的矛盾与冲突。在学校可以适应学业的压力，能积极调整，使自己在思想、行为上能跟上和符合时代发展的要求，与社会、环境协调一致。

7. 心理行为符合大学生的年龄特征

大学生的心理特征及行为应与大学生的年龄和个性相匹配。大学生心理特征自然与同龄人一致，如精力充沛、勤学好问、反应敏捷、喜欢探索等特点。

这里我们要注意的首先是心理健康与心理问题并没有明确的界限划分，而是一个连续的过程。偶尔的不健康心理和行为不等同于得了心理疾病，但是长久的心理问题的堆积会导致心理疾病的发生。心理问题应该及时疏泄，避免积累。其次，心理健康是一种状态。并不意味着一旦出现了心理问题就不能再恢复健康，也不意味着现阶段的健康状态就表示永远都不会出现心理问题。因此应该时常关注心理健康的问题。再次，心理健康的标准是相对的，往往受到不同文化背景以及时代的影响。大学生在依据心理健康标准进行心理状态的评估时，不能死板，要考虑到评估者评估时的情景及文化背景、年龄等因素，进行综合考虑。

二、体育运动对大学生心理健康的促进

（一）体育运动有助于大学生心理健康发展

在我们身边，有很多爱好体育运动的人，他们精力充沛、活力四射、乐观向上，时时会感染周围的人。

1. 体育运动可缓解大学生心理障碍

运动有益于人的心理健康。体育运动对缓解抑郁、焦虑和其他慢性的心理障碍有很好的帮助。哈佛大学的心理健康专家说：“虽然我们还没有明了体育运动有益于抑郁症和其他心理问题的具体作用细节，但是很多研究都证实了运动的良好作用，而且丝毫没有不利的影响。”其他研究也发现，运动可以改善诸如惊

恐障碍、心理创伤和其他焦虑性心理问题。

2. 体育运动能改善大学生的情绪

研究者推测：充满活力的体育运动，可以促进脑内有益化学物质的分泌，比如"内啡肽"。这种物质可以使人心情振奋、精神愉悦。体育运动还能改进对自我形象的把握；得到团体其他成员的帮助；分散对日常忧虑担心的过分关注；提升对所遇问题处理的自信心。所有这些作用都有利于情绪的改善。

（二）体育运动能使大学生精神愉快

医学研究证明，运动除能使大脑的兴奋和抑制保持平衡外，还能使血液和大脑中的去甲肾上腺素增多。去甲肾上腺素是一种激素，能增强大脑与身体各部位神经的联系，提高神经系统的兴奋性，当血液中去甲肾上腺素增多时，人们的心情就愉快；当血液中的去甲肾上腺素减少时，人们的情绪就低落。由此看来，运动使人精神愉快是有一定科学道理和物质基础的。

大家都知道，身体虚弱、多病、经常失眠等是造成悲观失望、焦虑等不良情绪的常见原因。而体育运动，毫无疑问地能增强体质，减少疾病，并给人们以积极向上的思想情绪，使人感到生活丰富多彩，有利于转移不良情绪。情绪不好，不但有损健康，而且还会影响学习和工作。至今为止，世界上还没有医治"情绪病"的灵丹妙药。但从事体育运动，能改善不良情绪。许多人也有这样的体会：当心情郁闷、苦恼之时，在屋子里走来走去，或者到外边散散步，转移一下注意力，闷气在不知不觉中消失了。当人们发生争吵时，会有人常常劝其离开现场，到别的地方走一走。在"走一走"的运动中，情绪激动的人火气便慢慢地消除了。神经心理学家通过实验也已经证明：肌肉紧张与人的情绪状态有密切的关系，不愉快的情绪通常和骨骼肌肉及内脏肌肉紧绷的现象同时产生。而体育运动，能使肌肉在一张一弛的条件下逐渐放松，有利于解除肌肉的紧张状态，减少不良情绪的发生。

（三）体育运动能够健全大学生的性格

体育心理学研究证明，进行体育运动需要较高的自我控制能力和坚定的信心及勇敢果断和坚韧刚毅的意志、性格等心理素质作基础。因此，有针对性地进行体育运动，是纠正心理缺陷、培养健全人格的有效方法。下面针对具体心理缺陷给出些许建议。

1. 性格孤僻型

假如觉得自己不合群，不喜欢与同伴交往，可以选择篮球、足球、排球以及接力跑、拔河等集体项目。经常参加这些集体项目，会帮助慢慢地改变孤僻的性格，逐步适应于同伴的交往，并热爱集体。

2. 腼腆胆怯型

假如感到自己胆小，做事怕风险，容易脸红，难为情，建议应多参加滑雪、溜冰、游泳、摔跤等项目活动。这些活动可以帮助不断地克服害羞、害怕的胆怯心理，能让人以勇敢、无畏的精神去战胜困难，跨越障碍。

3. 优柔寡断型

假如觉得自己在处理事情时经常犹豫不决、不够果断，可多参加乒乓球、网球、羽毛球、拳击、跳高、跳远等体育活动。在这些项目中，任何犹豫、徘徊都将贻误良机、遭到失败，久练能帮助增强果断的个性。

4. 易怒急躁型

假如发现自己感情容易冲动，遇事容易急躁，就应多参加打太极拳、慢跑、下棋、长距离的步行、射击等缓慢、持久的项目。这些体育活动能帮助增强自我控制能力，稳定情绪，调节神经活动，使易怒、急躁的性格得到改善。

5. 缺乏自信型

假如感到自己做事没有信心，老是担心完不成任务，就多参加些跳绳、俯卧撑、广播操、跑步等项目。这些项目简单、易做，能够让人找到自信。坚持运动一段时间，信心会逐步得到增强。

6. 遇事紧张型

假如感到自己遇到重要的事情容易紧张、失常，应多参加像足球、篮球、排球等这些公开的、激烈的体育比赛项目。因为这些项目比赛紧张激烈，场上形势多变，只有冷静沉着地应对，才能取得优势。经常在这种激烈的场合中接受考验，遇事就不会惊慌失措，从而给学习、工作带来益处。

体育运动作为心理纠正训练，要达到心理转化目的，必须有一定的强度、质量和时间要求。每次运动时间在30分钟左右，运动量从小到大，循序渐进，三个月为一周期，约进行两个周期。要注意运动的适应与禁忌，同时要防止发生意外事故。

第七章　大学生体质健康管理与有效干预研究

第一节　大学生体质健康管理理论

一、大学生体质健康管理含义

现如今，生存环境逐渐恶化，生活的节奏越来越快，加之各个方面压力的加剧，使得人们的健康出现了不同程度的问题，也因此提出了健康管理的理念。

体质健康作为健康的重要组成部分，有研究者指出："体质健康管理"问题要突出跟踪性的干预措施，并提出进行学生体质健康管理的过程中要转变重测试、评价，轻针对性的指导干预等措施，让每个学生通过健康管理的"测试—评价—指导—接受干预"的过程，有效地提高体质健康水平，同时学会如何进行自我体质健康管理，树立健康第一的意识。但还没有研究者将"体质健康管理"作为一个单独的理论进行过探讨，这也就使得很难通过文献来借用已有学者对"体质健康管理"的界定。

根据本研究需要，我们认为，体质健康管理是指对个体或群体的生理健康和心理健康进行全面监测、分析、评估，提供健康咨询和指导以及对健康危险因素进行干预的全过程，同时提供有针对性的科学健康信息并创造条件采取行动，有效地利用有限的资源来达到最大的健康效果。大学生体质健康管理的过程集中体现在以下三个方面：

(1) 对大学生健康因素的采集、分析、监控，为健康评价提供基础的数据来源。

(2) 对目前大学生的健康状态和未来的健康趋势进行评估、预测、管理和监控，为健康问题起到预警和促进的作用。

(3) 根据结果给出符合大学生体质健康所需求的健康服务（包括提供运动策略、体质健康指导、运动处方等咨询），或是利用资源（体质健康管理平台和体质健康监控设备)改变或是保持目前的健康状态以达到最大的健康效果。在本研究中,大学生体质健康管理系统指的是基于大学生个性化体质健康模型和体质健康管理需要,由管理者、管理软件、大学生、体质健康监控设备组成的运行体系。要求学校的学生体质健康管理工作者对这一体系中的各个部分的构成和具体分工有着清楚的了解,并能根据外部环境变化和学生体质健康管理的需要有效地进行调整和更新。

二、大学生体质健康管理内容

健康管理就是进行全面监控个人或群体的健康危险因素的一个动态过程,以个人健康档案作为基础的个性化健康服务性管理服务,也是根据现代生物医学以及信息数字化管理技术,从生物学、心理学、社会学的角度对每个人进行健康保障服务。

体质健康是指人体在遗传基础上,经过后天的努力塑造所达到的人体形态结构、生理功能、运动能力、心理素质和对内外环境适应能力的全面良好状态。

在社会中,大学生是一个非常特殊的群体,他们在受到外界环境的影响中也暴露出很多健康方面的问题,有大部分问题还需要进行长期的跟踪和监测,如孤独、焦虑、抑郁等。根据已经出现的这些问题,本研究觉得对大学生进行个性化的体质健康管理是很有必要的。具体而言,大学生体质健康管理者的专业性和职业性就是要求学生体质健康管理者要有专职的人员来担任,作为管理者对于健康保健、心理咨询、网络管理与调控及制定和指导运用体育运动处方等多方面的知识和技能也要同时兼具;学生体质健康管理软件的科学性和易控性就是学生体质健康指标的来源要科学、可靠,并在此基础上开发的学生健康管理软件要容易操作和控制;符合大学生健康需求的情境性和针对性是指大学生个性化健康管理要适合不同的大学生和不同环境下的体质健康问题;学生体质健康监控的有效性和可靠性就是大学生体质健康(能量)监控要体现大学生群体的特点(包括体质健康需求、体育锻炼行为和态度等),要采用科学的监控设备,并能有效反映大学生体质健康促进过程中存在问题;大学生体质健康管理实施过程中的模块化和可操作性主要包括两方面,首先就是针对大学生体质健康管理的研究要体现学术性和专业性,即从体质健康指标的选取、大学生体质健康模型的建构和检验、大学生体质健康管理软件的开发到大学生体质健康(能量)监控设备的研制都是独立的研究;其次就是实施过程中要兼顾不同的学生群体和不同的应用环境。

三、我国大学生体质健康管理

(一)我国大学生健康管理理论分析

健康管理在我国使用得比较晚,目前我国高校的健康教育模式正处于转型时期,而卫生人力上的不足、对于健康模式认识的匮乏以及有关规章制度的不健全都是正在面临的困难。即使这样,我国的学者们通过国外成功的经验学习相关的理论知识,并且为了建立我国独特的大学生健康管理模式做出了贡献。

吴宗喜、蔡晓波在对于我国大学生体质健康管理现状问题的调查后指出,健康管理作为一种健康新理念,在国外已经取得了很大的成就,但是我国大部分学生对高校开展的一些提高学生体质健康的活动并不满意。他们在已有研究基础上提出了高校体质健康管理的方法,对开展大学生体质管理的软、硬件条件进行了阐述,虽然该研究仅仅对体质管理方法的各方面给出了一个大致的构想框架,但是这标志着我国大学生体质健康管理的研究已经从理论向实践发展。谭洪论更是在揭示我国大学生体质健康状况日益恶化的状况下,将体质健康管理的实践研究更向前推进了一步,其以《国家学生体质健康标准》为基础提出了大学生体质健康管理体系流程(图 7-1)。

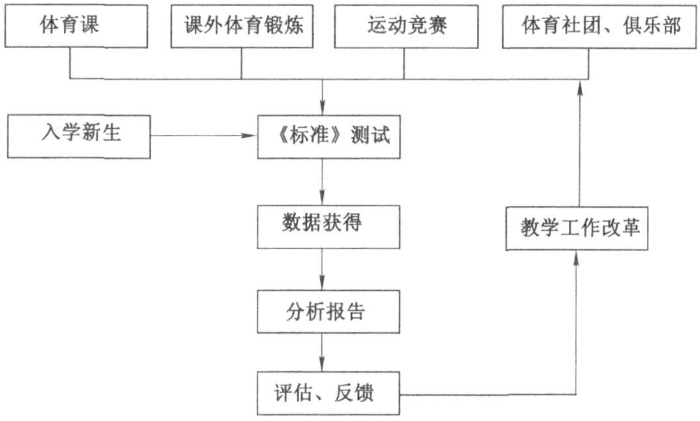

图 7-1 学生体质健康管理体系流程

就健康促进与大学生体质健康的促进,杜小安、朱斌提出了相关策略,关于现在大学生体质健康测试中存在“重测试、轻后续服务”的状况在研究中被特别指出,而且还提出了关于后续服务的理念。提出这种理念就是我国在大学生体质健康管理上的一个进步,而且也指明了后续研究的方向。

在我国很少有关于大学生体质健康管理这方面研究的文章，而且缺少关于这方面完整详细的研究，即便如此，在仅有的研究中还是发现了很多实用的意见、建议为以后的研究提供参考，尤其是我国大学生体质健康管理系统的研究总结出的仍然存在的问题及建议，这些都是在以后的研究中值得思考的地方。

（二）大学生体质健康管理理论研究中存在的问题

1. 大学生体质健康管理普遍不受重视

现在的大学生在体质健康方面出现了很多问题，其中有身体上的疾病，还有心理上的问题，如适应能力低下、社会交往能力匮乏等。大学生缺乏自我管理能力，高校重视的又是教育与科研，容易忽视了大学生的身心健康，从而导致大学生体质健康方面会出现问题。

2. 缺乏科学的大学生健康管理系统

大多数高校关于大学生健康方面的信息记录管理的方式基本上都是由医务人员或是管理员进行手写。对于这种方式，一方面是不利于长期保存，存取也很不方便，另一方面就是不能及时科学地管理大学生健康状况。这样就容易导致对大学生体质健康的评估单一、耗时长、成本高。所以，我们现在需要开发一套管理系统，能够及时全面地对大学生健康情况进行记录，随时了解学生的健康情况，方便管理。

3. 大学生对自身的体质健康状况认识不够

现在的大学生对心理健康服务有一些片面的了解，而且对心理健康的辅导也比较排斥。表明在这方面高校的宣传并没有很好地被大学生理解并接受，很少有大学生在生活或是学习上遇到一些心理上的问题会向心理健康咨询机构寻求帮助。因此，高校需要更进一步对大学生体质健康方面的知识进行宣传，其中包括与大学生体质健康管理相关的校园文化等健康管理环境。

第二节　大学生体质健康管理系统

一、大学生体质健康管理系统的设计

大学生体质健康管理软件化是研究的必经之路，梁建秀、周艳明和刘艺峰就提出了将《国家学生体质健康标准》软件化的构想，并且开发了相关软件用于管理学生体质健康。他们的研究及相关软件的开发标志着我国学生个性化健康管理电子化、软件化的开端。汪浩、王秉彝、李实依据《国家学生体质健康标准》，结合教师对学生进行指标测试及体质健康评价的要求，应用计算机及网络技术，基

于 Internet，并依托校园网，开发了大学生体质健康标准测试管理系统。刘振华等采用 C/S 与 B/S 相结合的体系结构，用 VB 开发客户端应用程序，以 SQL Server 2000 作为后台数据库，设计了学生体质健康管理系统。

李为敏、朱娅加、肖乐根据《国家学生体质健康标准》，依据实际操作的需要，运用软件工程自上而下、逐步分解的方法对系统进行分析与设计，将软件开发工具和数据库开发工具相结合，开发出了大学生体质健康标准信息管理系统。

陈磊等对高校学生体质信息管理反馈系统进行了研究，提出了建立体育锻炼记录终端系统构想。体育锻炼记录终端系统是基于 FRID 技术和 3G 移动通信技术的一套记录与信息传输系统，其特点是使用方便、稳定性高、传输速度快。该方案的提出，说明了体质健康管理中应借助一些运动监控设备，对大学生的锻炼情况（如运动量）进行实时的监控。

二、大学生体质健康管理系统研究中存在的问题

（一）系统中缺乏心理指标

目前，大学生体质健康管理系统研究多集中在根据《国家学生体质健康标准》中的指标体系设计并开发的测试系统。测试系统中，只包括了身体形态、身体机能、身体素质和运动能力等方面的指标，并没有加入心理和社会适应指标的测试。

（二）系统设计中缺少健康干预模块和反馈模块

就目前的系统来说，仅设有用户管理、数据的录用以及更新模块，查询统计模块及系统的管理模块还不够完善，此外还需要有健康干预模块和健康反馈模块。

（三）系统缺少运动监控设备

根据运动生理学和运动医学可以知道，如果运动量和运动强度不够，也就不能达到强身健体的效果，但若是运动量和运动强度过大，不仅不能强身健体，反而会因为过度疲劳而损害健康。所以，大学生在进行锻炼时一定要科学地锻炼，选择最佳的运动项目，制订合理的运动计划，尽可能地降低运动损伤的出现，并且获得运动的最佳效果，使机体可以从中受益。所以，运动能量监控设备的设计与开发对体质健康管理来说是非常有意义的。

第三节 构建健康促进干预模式

一、个体行为的干预

(一) 健康咨询对于个体不利于健康的行为的干预

健康咨询是从事健康教育和初级卫生保健工作的人员或者临床医生帮助个体及家庭改变不良行为最常用的一种行为干预方式。咨询的前提是个体具有改变行为的需求,然后通过与相关工作人员(咨询者)的沟通获得自信并找到解决问题的办法,制订行动计划,从而逐步改变不良的行为。

许多国家的临床预防服务指南均建议使用"5A"模式开展健康咨询,即健康咨询应该遵循五个基本的步骤。第一步,评估,通过询问,评价被教育者有关危害健康行为的知识、技能、自信心等。第二步,劝告,将关于健康危害的相关信息以及行为改变带来的好处提供给被教育者。第三步,达成共识,需要以病人的兴趣与能力作为参考,共同设定。第四步,协助,将有可能会遇到的障碍提前找出来,预先做好解决方案以及获得社会支持。第五步,安排随访,对随访的方式以及时间提前确认,并布置回去要完成的行动计划的作业。

"5A"模式是帮助、协助受教育者改变行为的步骤,也是指导如何进行健康咨询的一套程序,体现了以受教育者为中心的行为干预思想。教育者可以借用许多特定的工具(问卷、表格、计算机、电话等)来完成这个过程。该模式适用于几乎所有行为改变的健康咨询,但针对不同的行为,每个步骤的干预内容和侧重点有所不同,在运用的过程中可以结合健康行为改变的理论(如"知信行"模式、健康信念模式)进行。另外,该模式虽然设定了五个步骤,但是当面对不同的受教育者时,可以灵活选择任何一个步骤开始咨询,因为人们的行为可以处于行为改变的不同阶段,此时行为改变的阶段理论可以帮助我们选择从哪一阶段开始。

(二) 某些不利于健康的行为需要依靠心理学的行为矫正技术来逐步矫正

行为矫正指的是根据期望,采取特定的措施,促进矫正对象的行为改变的过程。行为矫正的对象、环境以及过程这三个要素构成了行为矫正。行为矫正的对象可以分为三大类:需要型、冷漠型以及无需要型,而分类的依据就是矫正对象的态度。行为指导者、矫正的场所与时机则是行为矫正的环境,健康教育者、医生、护士、教师、矫正对象的亲友等都可以成为行为指导者;一般行为矫正的场所都是固定的,是为了可以方便观察、记录和评价行为矫正的效果;选择好时机对行为矫正也是非常重要的，要想使行为矫正获得最佳效果，就要选择特定的时机进行行为矫正。在健康教育领域内已运用的较为广泛的行为矫正技术有脱敏疗法、厌恶疗法、示范疗法和强化疗法等。

二、以家庭为单位的行为干预

家庭是一个完整的系统，在这个系统中，每个成员的思想、情感和行为表现都受到家庭中其他成员的影响。因此，一个人的病态行为往往反映出其家庭功能的失调。反过来说，个人的心理、健康问题也会影响家庭生活的正常运转。以家庭为单位的行为干预，一方面可以解决与家庭关系有关的问题，这通常属于心理治疗范畴，另一方面可以动员家庭力量帮助病人改变病态的或不健康的行为表现。

家庭对行为危险因素的影响很大，以家庭为基础的行为危险因素干预可以使得干预的效果最大化，无论是对被干预者自身还是家庭成员，都会产生直接的影响。

三、群体行为的干预

（一）群体动力论中的要素

1. 群体规范

群体规范指群体形成的、群体成员需要遵守的行为准则，可以是明文规定的守则、规范，也可以是不成文的、约定俗成的概念框架。群体规范可以约束群体中个体的行为，也有助于形成群体凝聚力。

2. 群体凝聚力

群体凝聚力指的是群体对其成员的吸引力和群体成员间的相互吸引力。群体凝聚力与群体规范有关，但还受其他人文因素的影响。在凝聚力大的群体中，个体的集体意识强，人际关系良好，产生的群体行为强度大。

3. 群体士气

在行为科学中，把群体中个体对群体的满足感、自豪感、归属感等统称为群体士气。在士气高的群体中，个体对群体的满意度高，更能自觉遵守群体的规范。

4. 群体压力

群体压力指的是群体中形成的一种氛围，使得个体不得不按照群体规范行事，与群体中的绝大多数保持一致。

（二）群体行为的干预

干预群体行为干预通常是以行政单位（社区、学校、工厂等）为基础，运用行为团体干预法进行群体行为干预。团体干预法是一种有组织的行为，以团体决策层为核心，可以得到组织、政策和资源的保证；目标明确，该目标不仅满足小团体的需要，还应从根本上、长远意义上满足全民、全社会的健康需要；团体所确立的目标是全体成员的行为指向，因此绝大多数成员会积极支持和参与团体的目标行为，并使之成为自己的自觉行为。

（三）环境改善

1. 改善环境条件

环境条件是干预中必须考虑的一个因素，即便是已经决定要改变行为，若没有环境条件的支持，也会因此无法将计划实施。

2. 社会支持与制约

利用社会舆论的作用，在社会上形成关注健康、支持促进健康的氛围，对于那些对自身健康不利、对他人健康造成一定伤害的行为加以约束。

第八章　高校运动健康促进实用运动处方

第一节　运动处方的概述及基本组成

一、运动处方概述

（一）运动处方的概念

通俗讲，处方是指医师给病人开的药方。处方最显著的特点就是针对性，不同的病或同一种病因、程度不一样，当然不能使用同一处方。同样，要科学锻炼身体、提高自身的健康水平、预防或治疗疾病，必须要有针对性的运动处方，才能对症下药，达到预期效果。

20世纪50年代，美国生理学家卡波维奇率先提出“运动处方”这一概念。1960年，日本生理学家猪祠道夫首先使用了“运动处方”这一术语。1969年，“运动处方”被世界卫生组织采用，并得到国际上的广泛认可。

体育运动处方是指对从事体育锻炼的人（含病人），由康复医师、体育教师、教练员、社会体育指导员，根据医学检查资料，包括运动试验及体能测试，按其年龄、性别、健康状况、身体素质、心血管功能状况，结合生活环境和运动爱好或训练条件等主客观条件，用处方的形式制定对身体练习者适合的运动内容、运动量、运动时间及频率，并指出运动中的注意事项等，以达到健身和康复身体的目的。运动处方就是在身体检测的基础上，根据锻炼者身体要求，按科学健身的原则，为锻炼者提供的量化的指导方案。简而言之，就是以处方的形式规定运动参加者的练习内容、运动负荷，这是一种指导人们有目的、有计划的、科学的身体练习形式。

1. 运动处方与药物处方的区别

运动处方类似于临床医药处方，与医学中的药物处方有相同之处，但也有不同之处。医药处方是医生给病人开药，为病人治病的医疗措施，医生根据病人的病情结合药物性质，给病人提供相应药物，并叮嘱用药方法、剂量和次数；运动处方是康复医师、体育教师、教练员、社会体育指导员根据医学检查资料和锻炼者的情况选择适宜的运动内容，制定运动量，并指出注意事项等。运动处方与医药处方的关系见表8-1。

表8-1 运动处方与医药处方的对比

运动处方	医药处方
运动内容	药物名称
运动量：运动强度和持续时间	剂量/次
锻炼频率	次/日
主要事项	用药方法及注意事项

运动处方与药物处方的不同在于：① 目的不同，运动处方是用来提高体适能、促进健康或防治疾病，医药处方是为了治疗疾病；② 使用终点不同，医药处方在病人痊愈后即停止使用，而运动处方在人的一生都可以发挥重要作用。按照运动处方进行科学的锻炼，既安全可靠，又有计划性，可以在短期内达到强身健体和疾病康复治疗的双重目的。

2. 运动处方的发展史和研究现状

世界上最早的运动处方可追溯到我国战国时期的《行气玉佩铭》。此玉佩上刻有45个字，郭沫若先生译为："行气，深则蓄，蓄则伸，伸则下，下则定，定则固，固则萌，萌则长，长则道，道则天。天几舂在上，地几舂在下。顺则生，逆则死。"即现代所说的"生命在于运动"。《吕氏春秋》还提倡"动形以达郁"，认为人之精气血脉以通利流畅为贵，若郁则不畅达，则百病由之而生。战国末期荀子提出："养备而动时，则天下能病；养略而动罕，则天下能使之全。"明确指出了"动"对于健康的重要性。《黄帝内经》中有"形劳而不倦""久视伤血""久行伤筋""久立伤骨""劳倦伤脾"。晋代张华所著《博物志》里云："体欲常少劳，无过度。"东汉末年的名医华佗积极推行战国时期吕不韦的"运动延年论"，并提出要注意适度性问题。除了上述这些精辟的理论外，我国古代还有许多丰富的运动形式。最早的资料有汉代的《导引图》。这套图是从长沙马王堆三号汉墓出土的珍贵文物。图画高50厘米，长约100厘米，上绘有44个男女老少分四行排列练功的各种姿势和动作，形象生动、逼真。《五禽戏》是华佗提出的一套既可合又可分的医疗体操，这是世界上最早的医疗体操。"五禽戏"是模仿虎、鹿、熊、猿、鸟五种动物的姿态、行动特征、象形编制的。华佗认为，人要经常活动，就可以血脉流通不生疾病，如果觉得身体不舒适，就起来做一种模仿禽兽动作的体操，稍出汗就停止，这样就可以感觉轻松。宋明以后，易筋经、八段锦、太极拳等成套的康复体操在民间流传甚广。

西方的运动疗法源于古希腊。古希腊的神庙壁画中就有运用运动治病的故事。古希腊医学家希洛地卡斯及其学生希波克拉底认为，运动可增加肌力，促进精神、体质的恢复和改善，并可推迟衰老。希波克拉底最早用体操来治疗疾病，他的论著《运动疗法》《健身术》是运动处方的萌芽。他所著的《论养生》中，论述了四季运动卫生、运动前后卫生的注意事项、进行运动的合理顺序及准备活动、整理活动的必要性，此论著被称作是运动处方的萌芽。公元2世纪后，奥雷利安努斯首次提出了对瘫痪病人使用滑轮悬挂肢体、步行及在温泉中运动等治疗方法，还提出了创伤应早期进行运动，以加速创伤的愈合。文艺复兴后，希罗尼姆斯提出了一系列运动的观点，如运动的目的是保持健康、运动要适合于身体、运动要经常进行、患者应根据各自不同情况进行运动，过度运动会引起疾病发作、出现不良反应时须及时停止运动等。16世纪，福克斯提出了"两种运动"理论：一是单纯运动；二是既是运动又是工作。这可能是最早提到的运动治疗。

近代运动处方从19世纪开始，瑞典的彼得·H.林(1776—1839)创造了利用肋木配合徒手操进行康复锻炼的方法，创编了专门锻炼身体各个部位的医疗体操，从而使运动处方治疗系统化。

现代运动处方始于20世纪50年代，现在运动处方已发展成为指导人们进行健身锻炼、康复的重要方法。全美运动医学会在运动处方的发展过程中起了非常重要的作用，该学会于1975年首次出版《运动试验和处分指导》以来，至今已多次修订改版。每一版都综合了当时世界各国专家的研究成果，对上一版的内容进行补充修改，使该书内容一直代表运动处方的最新研究成果。日本、美国、德国等国在运动处方的理论和应用方面进行了大量的研究工作。在日本，运动生理学家猪祠道夫教授于1970年倡议政府成立了"日本体育科学中心"。1971年，该中心又成立了运动处方研究委员会，专门研究如何为国民制定运动处方。通过努力于1975年出版了《日本健身运动处方》一书。在美国，20世纪60年代末到70年代初，军医库珀提出了著名的耐力测试法——有氧训练法，并出版了最有影响的《有氧代谢运动——通向全面身心健康之路》一书，为世界多国所采用。在德国，1953年黑廷格和缪拉发表了《不同运动强度、持续时间和频率对人体产生不同影响》的文章，对健康运动处方的兴起起到了积极的作用。进入21世纪以来，运动处方的研究取得了很大的进展，其发展趋势为：由应用于康复领域发展到预防和健身领域，由心脏康复运动处方发展到各种慢性疾病防治的运动处方，由单一提高心肺功能的运动处方发展到多方位的力量处方、耐力处方、柔韧处方等；功能评定方法由繁到简，处方程序由手工发展到信息化处理等。

我国于20世纪80年代初引入运动处方的概念和理论，之后在应用推广和科研方面取得了长足进步，国内一批医院开展了运动处方应用与研究工作，还有许多院校开设了运动处方的课程，培养了一批专业人才。但与国外相比，基础性研究、运动处方的开发与应用方面还存在一定差距。目前，我国政府高度重视国民体质健康，出台了《全民健身计划纲要》，人们普遍认识到了健康的重要性，及时提高广大群众科学健身的能力就成为全民健身运动能否取得更大成效的关键。因此，一方面要进一步加强对全民健身运动的组织与落实；另一方面还要加大群众体育的科研力度，加强对运动处方的研究，加快运动处方的推广应用。

（二）运动处方的特点

1. 目的性强

运动处方有明确的远期目标和近期目标，运动处方的制定和实施都是围绕运动处方的目的进行的。

2. 计划性强

运动处方中运动的安排有较强的计划性，在实施运动处方的过程中容易坚持。

3. 科学性强

运动处方的制定和实施过程是严格按照康复体育、运动医学、运动学等学科的要求进行的，有较强的科学性。按运动处方进行锻炼，能在较短的时间内取得较明显的健身和康复效果。

4. 针对性强

运动处方是根据每一个参加锻炼者的具体情况而制定和实施的，有很强的针对性，康复效果较好。

5. 普及面广

运动处方简明易懂，容易被大众所接受，是进行大众健身和康复的理想方法。

（三）运动处方的分类

随着运动处方的不断完善，对“不同的身体状况、不同的锻炼目的应采取不同的锻炼方法”的要求更加严格，尤其是那些身体患有疾病的人，必须严格地按照运动处方进行体育医疗。按照不同的标准将运动处方进行分类，有助于我们认识运动处方的特点，更有效地发挥它的作用。

1. 按目的分类

（1）健身运动处方

健康人进行运动处方锻炼，是以增强体质和提高健康水平为目的的。这类运动处方又可以根据不同年龄分为老年人健身运动处方、成年人健身运动处方、青少年人健身运动处方、幼儿健身运动处方、女子健身运动处方等;还可根据不同的工种分为企业工人健身运动处方、公务员运动处方、科教人员健身运动处方等。

(2)竞技运动处方

该处方是针对从事专项运动的运动员,为增强其身体素质和提高运动技能水平为目的而制定的运动处方。这类运动处方可根据发展某项身体素质分为力量性运动处方、耐力性运动处方、速度性运动处方、灵敏协调性运动处方等;也可根据训练计划分为周期性训练处方、周训练处方、课训练处方等。

(3)康复治疗运动处方

该处方用于慢性病患者和残疾者,以辅助治疗疾病、提高康复医疗效果为目的。用于某些疾病或损伤的治疗和康复,它使医疗体育更加定量化、区别对待化,如肥胖症运动处方、高血压运动处方、糖尿病运动处方、冠心病运动处方、癌症运动处方等。

2. 按构成体质的要素分类

(1)改善身体形态的运动处方

身体形态主要通过身高、体重、坐高、胸围、腰围、臀围和皮褶厚度等指标反映。制定相应的运动处方,通过锻炼使身体形态得到改善,如增加身高运动处方、控制体重运动处方、改善胸围运动处方等。

(2)增强身体机能的运动处方

身体机能是人体各器官、系统及整体所表现出来的生命活动现象。制定相应的运动处方,能增强各器官、系统的功能,提高健康水平,如增强心血管功能运动处方、增强肺功能运动处方、促进消化功能运动处方等。

(3)增强身体素质的运动处方

人体肌肉活动中所表现出来的力量、速度、耐力、灵敏度及柔韧性等能力统称为身体素质,是人体为适应环境变化所储存的身体能力要素。该类处方为增强身体素质制定的运动处方,如增强力量素质运动处方、增强速度素质运动处方、提高耐力素质运动处方、发展灵敏性素质运动处方等。

(4)调节心理状态的运动处方

健康的心理可以维持人的正常情绪,保持人的正常生理功能,以适应内外环境的各种刺激。制定有关的健心运动处方,通过锻炼增进心理健康,如培养意志品质运动处方、增进健康情感运动处方等。

(5)提高适应能力的运动处方

适应是指与周围环境间的关系发生较大变化时人体采取的一系列被动性与

主动性调整，这些调整大部分属于保护性反应。通过提高适应能力运动处方的锻炼，可以提高人体对内外环境各种变化的适应能力，增强对疾病和有害生物因素的抵抗能力，以及对各种社会心理性紧张刺激的应激能力。

3. 按照锻炼的器官系统分类

(1) 心血管系统的运动处方

以提高心血管系统功能为主，用于各种心血管疾病的治疗、康复和预防，如冠心病、高血压等。

(2) 呼吸系统的运动处方

改善和提高呼吸系统功能，以预防、治疗和康复各种呼吸系统疾病，如哮喘、肺结核、气管炎等。

(3) 神经系统的运动处方

改善和提高神经系统功能，以预防、治疗和康复各种神经系统疾病，如改善睡眠的运动处方、预防和治疗神经衰弱症的运动处方等。

(4) 消化系统的运动处方

改善和提高消化、吸收功能，以预防、治疗和康复各种消化系统疾病，如治疗消化不良的运动处方等。

(5) 运动系统的运动处方

以改善和提高运动系统的功能为主，预防、治疗和康复运动系统疾病，如治疗肩周炎的运动处方、预防关节炎的运动处方等。

4. 按实施运动处方的环境分类

(1) 社区运动处方

社区健身是以基本社区为区域范围，以辖区的自然环境和体育设施为物质基础，以全体社区成员为主体，以满足社区成员的体育需求、增进社区感情为主要目的，就地、就近开展的区域性体育活动。针对社区健身特点制定的运动处方，称为社区健身运动处方。由于社区健身活动的内容极其丰富、形式多种多样，所以制定社区健身运动处方要综合考虑社区各类人群的年龄、身体状况以及社区内场地和器材的使用等各种情况。通过社区健身运动处方的应用推广，使社区健身成为扩大我国体育人口、增强国民体质、实现全民健身计划的重要途径。

(2) 健身房健身运动处方

利用健身房的条件制定的运动处方称为健身房健身运动处方。健身房运动处方包含各种徒手练习、健身操和运动器械练习等。

(3) 家庭健身运动处方

家庭健身是以家庭成员为主要参与者，以自己的住处为环境进行的一些健身练习。针对家庭健身而制定的运动处方称为家庭健身运动处方。家庭健身运动处方要充分利用家庭环境条件，结合家庭成员的年龄、性别特点来制定。

(4) 学校健身运动处方

学校健身是以学校的体育设施为物质基础，以全体学生为主体，开展区域性体育活动。利用学校健身条件和环境制定的运动处方称学校健身运动处方。学校健身运动处方的内容应依据学生生理、心理和年龄的特点，针对学生存在的问题，根据学校的场地、器材及地理环境等条件制定。

运动处方的分类并不是绝对的，各种分类也互有交叉，如按实施运动处方的环境可分为社区健身运动处方、健身房健身运动处方、学校健身运动处方和家庭健身运动处方，这其中的任何一种运动处方又可以按年龄分为幼儿运动处方和青少年运动处方、成年人运动处方和老年人运动处方。而任何年龄段的运动处方又可以按照构成体质的基本要素分为改善身体机能的运动处方、增强身体素质的运动处方等。不同的运动处方的分类研究角度不尽相同，侧重点也各不相同，在具体使用过程中，应根据研究或应用的目的、条件、需要和能力来决定选择合适的分类标准。

二、运动处方的基本组成

运动处方的主要内容一般包括运动目的、运动项目、运动强度、运动时间、运动频率和注意事项等。其中，运动项目、运动强度、运动时间、运动频率是运动处方的四大要素。

(一) 运动目的

运动处方就是要通过各种科学合理的身体练习，以达到健身的目的。依据年龄、性别、职业、爱好、健康状况不同，其目的各有侧重。具体讲，运动处方的目的主要有下列几个方面：

(1) 促进生长发育、增进健康、愉悦身心。

(2) 疾病的预防、治疗和康复。

(3) 提高身体素质、增强运动技能以提高运动成绩等。

(二) 运动项目

1. 运动项目选择的依据

运动项目的选择，主要应根据运动者所要达到的目的而定。一般应考虑以下几个方面的内容：

(1) 康复或健身的主要目的。

(2) 临床检查和功能检查的结果。

(3) 受试者的运动经历、兴趣、爱好和特长。

(4) 进行运动的环境、条件，是否有同伴和指导等。

例如，在制定目的是改善和维持心肺功能状态的运动处方时，应选择有氧练习，如慢跑；若锻炼者的年龄较大，各系统功能状况一般，可先采用走跑交替的运动。

2. 运动项目的分类

运动处方的运动项目可分为以下三类：

(1) 耐力性(有氧)运动

耐力性(有氧)运动是运动处方最主要和最基本的运动手段。在治疗性运动处方和预防性运动处方中，主要用于心血管、呼吸、代谢、内分泌等系统慢性疾病的康复和预防，以改善和提高心肺、代谢、内分泌等系统的功能。在健身、健美运动处方中，耐力性(有氧)运动是保持全面身心健康、保持理想体重的有效运动方式。

有氧运动的项目有步行、慢跑、走跑交替、登山、上下楼梯、游泳、自行车、步行车、跑台、跳绳、划船、滑冰、滑雪、球类运动等。

(2) 力量性运动

力量性运动在运动处方中主要用于运动系统、神经系统等肌肉神经麻痹或关节功能障碍的患者，以恢复肌肉力量和肢体活动功能为主。在矫正畸形和预防肌力平衡破坏所致的慢性疾患的康复中，通过有选择地增强肌肉力量、调整肌力平衡，从而改善躯干和肢体的形态和功能。

力量性运动根据其特点可分为电刺激疗法(通过电刺激增强肌力、改善肌肉的神经控制)、被动运动、助力运动、免负荷运动(即在减除肢体重力负荷的情况下进行主动运动，如在水中运动)、主动运动、抗阻运动等。抗阻运动包括等张练习、等长练习、等动练习和短促最大练习(即等长练习与等张练习结合的训练方法)等。

(3) 伸展运动及健身操

伸展运动及健身操较广泛地应用在治疗、预防和健身、健美各类运动处方中，主要的作用有放松精神、消除疲劳、改善体型、治疗高血压及神经衰弱等疾病。

伸展运动及健身操的项目主要有太极拳、保健气功、五禽戏、广播体操、医疗体操、矫正体操等。

(三) 运动强度

运动强度对运动效果和安全有直接的影响，因此确定适宜的运动强度是制定运动处方的重要一环。

1. 运动强度确定的依据

在确定运动强度时应考虑以下几个方面的内容：

(1) 康复或健身的目的。

(2) 临床检查和功能检查的结果。

(3) 运动试验及体力测验的结果。

(4) 所选择的运动内容。

(5) 受试者的年龄、性别、运动经历等。

评定运动强度的指标有最大吸氧量、心率、代谢当量、自觉疲劳分级等。目前，在运动处方的制定中，确定运动强度时常采用靶心率和自觉疲劳程度相结合的方法，即先按适宜的心率范围进行运动，然后在运动中结合自觉疲劳分级来掌握运动强度。

2. 常见运动项目运动强度和运动量的确定

(1) 耐力性(有氧)运动的运动强度

运动强度是运动处方的核心及设计运动处方中最困难的部分，需要适当地监测来确定运动强度是否适宜。运动强度是指单位时间内的运动量，即：

$$运动强度=\frac{运动量}{运动时间}$$

而运动量是运动强度和运动时间的乘积，即：

$$运动量=运动强度\times运动时间$$

运动强度是以功能的百分数来表示的，运动强度可根据最大吸氧量的百分数、代谢当量、心率、自觉疲劳程度等来确定。目前在健身运动中多以心率和自觉疲劳程度来确定运动强度。

(2) 力量性运动的运动强度和运动量

① 决定力量练习的运动量因素

参加运动肌群的大小：大肌肉群运动的运动量大，小肌肉群运动的运动量小。如肢体远端小关节、单个关节运动的运动量较小；肢体近端大关节、多关节联合运动、躯干运动的运动量较大。

运动的用力程度：负重、抗阻力运动的运动量较大；不负重运动的运动量较小。

运动节奏：自然轻松的运动节奏的运动量较小；较快或较慢的运动节奏的运动量较大。

运动的重复次数：重复次数多的运动量大。

运动的姿势、位置：不同的运动姿势、位置对维持姿势和克服重力的要求不同，运动量也不同。

② 力量练习的运动强度及运动量

力量练习的运动强度以局部肌肉反应为准，而不是以心率等指标为准。

在等张练习或等动练习中，运动量由所抗阻力的大小和运动次数所决定。在等长练习中，运动量由所抗阻力和持续时间所决定。

在增强肌肉力量时，宜逐步增加阻力而不是增加重复次数或持续时间（即大负荷、少重复次数的练习）；在增强肌肉耐力时，宜逐步增加运动次数或持续时间（即中等负荷、多次重复的练习）。在康复体育中，一般较重视发展肌肉力量，而肌肉耐力可在日常生活活动中得到恢复。

(3) 伸展运动及健身操的运动强度和运动量

① 有固定套路的伸展运动及健身操的运动量

有固定套路的伸展运动及健身操，如太极拳、广播操等，其运动量相对固定。增加运动量可通过增加套路的重复次数或动作的幅度、身体姿势的高低等来完成。

② 一般的伸展运动及健身操的运动量

一般的伸展运动及健身操的运动量可分为大、中、小三类。小运动量是指作四肢个别关节的简单运动、轻松的腹背肌运动等，运动间隙较多，一般在 8～12 节；中等运动量可做数个关节或肢体的联合动作，一般在 14～20 节；大运动量是以四肢及躯干大肌肉群的联合动作为主，可加负荷，有适当的间歇，一般在 20 节以上。

(四) 运动时间

1. 运动时间确定的依据

确定运动处方的运动时间，主要应考虑以下几个方面的内容：

(1) 临床检查和功能检查的结果。

(2) 运动试验及体力测验的结果。

(3) 所确定的运动内容。

(4) 所确定的运动强度。

(5) 受试者的年龄、运动经历等。

例如，一般的有氧运动健身运动处方，其运动时间在 20～60 分钟。健康成人可采用中等运动强度、稍长运动时间的配合；体力弱者可采用小运动强度、长时间的配合。

2. 常见运动项目运动时间的确定

(1) 耐力性(有氧)运动的运动时间

运动处方中的运动时间是指每次持续运动的时间。每次运动的持续时间为 15～60 分钟，一般须持续 20～40 分钟；其中达到适宜心率(THR)的时间须在

12～15分钟，在计算间歇运动的持续时间时，应扣除间歇时间。间歇运动的运动密度应视体力而定，体力差者运动密度应低，体力好者运动密度可稍高。

运动量由运动强度和运动时间共同决定，在总运动量确定时，运动强度与运动时间成反比。运动强度较大则运动时间较短；运动强度较小则运动时间较长。前者适宜于年轻及体力较好者；后者适宜于老年及体力较弱者。年轻及体力较好者可由较高的运动强度开始锻炼；老年及体力较弱者可由较低的运动强度开始锻炼。运动量由小到大，增加运动量时，应先延长运动时间再提高运动强度。

(2) 力量性运动的运动时间

力量性运动的运动时间主要是指每个练习动作的持续时间，如等长练习中肌肉收缩的维持时间一般认为在6秒以上较好。最大练习是负重伸膝后再维持5～10秒。在动力性练习中，完成一次练习所用时间实际上代表动作的速度。

(3) 伸展运动和健身操的运动时间

成套的伸展运动和健身操的运动时间一般较固定，而不成套的伸展性运动和健身操的运动时间有较大差异。如24式太极拳的运动时间约为4分钟；42式太极拳的运动时间约为6分钟；第八套广播体操的运动时间约为8分钟；8～12节伸展性运动的运动时间约为12分钟。伸展运动或健身操的总运动时间由一套或一段伸展运动或健身操的运动时间、伸展运动或健身操的套数或节数来决定。

(五) 运动频率

运动频率指每周的锻炼次数。运动锻炼所获得的效果应遵循生理学"刺激—反应—适应"原理。运动刺激到机体适应是一个由量变到质变的过程。过大或过小的运动频率都难以取得良好的锻炼效果。确定运动处方的运动频率，主要应考虑的依据与确定运动时间类似。有人研究观察到：当每周锻炼多于3次时，最大吸氧量的增加逐渐趋于平坦；当锻炼次数增加到5次以上时，最大吸氧量的增加就很小；而每周锻炼少于2次时，通常不会引起改变。由此可见，每周锻炼3～4次是最适宜的运动频率。但由于运动效应和蓄积作用，间隔不宜超过3天。作为一般健身保健或处于退休和疗养等状态时，坚持每天锻炼一次当然更好。

1. 耐力性运动的运动频率

据日本池上晴夫的研究结果，每周运动1次时，运动效果不蓄积，肌肉痛和疲劳每次都发生，运动后1～3天身体不适，且易发生伤害事故；每周运动2次，疼痛和疲劳减轻，效果一点点地蓄积，但不显著；每周运动3次，基本上是隔日运动，不仅效果可充分蓄积，也不产生疲劳。如果增加频率为每周4次或5次，效果也相应提高，但也增加了运动损伤的可能。小运动量或次日不留疲劳的运动，可每日进行，关键是运动习惯性或运动生活化，即个人可选择适合自己情况的锻炼次数，但每周最低不能少于 2 次。

2. 力量性运动的运动频率

美国科学家们证实，肌肉一旦停止锻炼，退化之快是惊人的。一个人 3 天不运动，他的肌肉的最大力量会丧失 1/5。运动效果要靠不断运动来取得，而无法把它储存起来。实验表明，在 48～72 小时之后，一个人必须使他的肌肉再次"取得"合乎需要的物理效果，否则难达目的。因此，必须每天坚持锻炼 20 分钟，才能保持锻炼效果。若因故中断，每周至少也得锻炼 3 次。

3. 伸展性运动和健美操的运动频率

采用伸展性运动或健美操锻炼，在运动量不大的情况下，坚持每天锻炼 1～2 次可取得良好的锻炼效果。

（六）注意事项

1. 耐力性运动的注意事项

用耐力性运动进行康复和治疗的疾病多为心血管、呼吸、代谢、内分泌等系统的慢性疾病，在进行运动处方的锻炼时，要根据各类疾病的病理特点及每个参加者的具体身体状况，提出有针对性的注意事项，以确保运动处方的有效性和安全性。一般的注意事项有：

（1）运动的禁忌证和某些易发生危险的动作。例如，心脏病病人运动的禁忌证有：病情不稳定的心力衰竭和严重的心功能障碍等；又如，患有心脑血管疾病的人，锻炼时要注意少做一些急蹲、急起的动作和过多的低头动作等。

（2）运动中自我观察指标及出现指标异常时停止运动的标准。例如，心脏病病人在运动中出现胸闷、无力、头晕、气短等应停止运动。

（3）每次锻炼前后都要做好充分的准备活动和整理活动。

（4）明确运动疗法与其他临床疗法的配合。例如，糖尿病病人的运动疗法须与药物治疗、饮食治疗相结合；运动时间应避开降糖药物和血浓度达到高峰的时间；运动前、中、后可适当增加饮食，以避免出现低血糖的情况等。

2. 力量性运动的注意事项

（1）力量练习不应引起明显疼痛。

（2）力量练习前后应做好充分的准备活动及放松整理活动。

（3）运动时保持正确的身体姿势。

（4）必要时给予保护和帮助。

（5）注意肌肉等长时间收缩引起的血压升高反应，以及屏气用力时心血管的负荷增加。有轻度高血压、冠心病或其他心血管系统疾病的患者，应慎做力量练习；有严重心血管系统疾病的患者忌做力量练习。

（6）经常检修器械、设备，确保安全。

3. 伸展性运动和健美操的注意事项

（1）根据动作的难度、幅度等，应注意循序渐进，量力而行。

（2）高血压患者、老年人等应该不做或少做过分用力以及幅度较大的弯腰、低头等动作。

（3）运动中注意正确的呼吸方式和节奏。

由于个人的身体条件千差万别，不可能预先准备好适应各种场合的处方。接受运动处方的人，首先按处方锻炼，在实行过程中可能出现不适合自己条件的地方，可以自己进行微调整，以求适合自己的条件。如一次微调整不成功，便可从反复实践中进行修正，最终就可能找到独特的、最适合自己条件的运动处方。

第二节　运动处方制定的步骤及原则

一、运动处方制定的步骤

为确保健身运动的安全性和有效性，制定运动处方时应严格按照运动处方的制定步骤进行，首先应对参加锻炼者或病人进行系统的检查，以获得所需的全面资料。

运动处方的制定步骤包括：一般调查、临床检查、运动负荷及体力测验、制定运动处方、预实施运动处方、运动中的医务监督、运动处方的修改和微调、实施运动处方等步骤（图 8-1）。这样所制定的运动处方才能切实符合个人的身体条件。

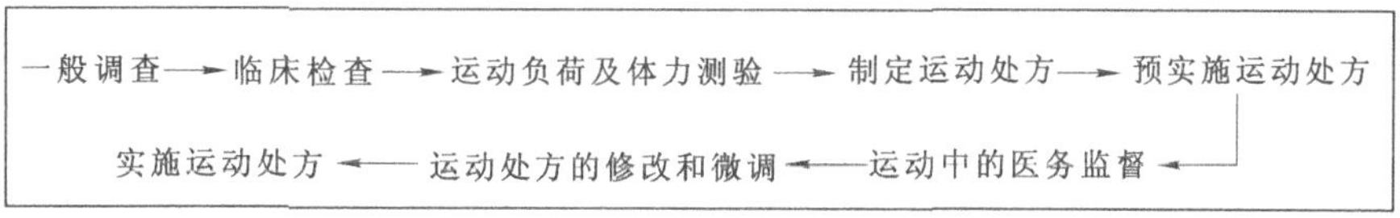

图 8-1　运动处方的制定步骤

1. 一般调查

通过运动处方的一般调查可了解参加锻炼者或病人的基本健康状况和运动情况。一般调查应包括询问病史及健康状况、了解运动史、了解健身或康复的目的、了解社会环境条件等。

2. 临床检查

运动处方的临床检查主要包括运动系统的检查、心血管系统的检查、呼吸系统的检查、神经系统的检查等，其目的是掌握被检查者的身体健康状况，评定其体质等级，排除体育运动禁忌证，为运动负荷实验提供有效的安全系数。

3. 运动负荷试验及体力测验

运动负荷测验用于评定心脏功能、体力活动能力，是制定运动处方的重要程序和依据。方法的选择应根据检查的目的和被检查者的具体情况而定。目前最常用的方法是用逐级递增运动负荷法测定，测定时采用活动平板（跑台）和功率自行车。

体力测验必须是运动负荷测验无异常的人才能进行。体力测验包括运动能力测验和全身耐力测验。全身耐力测验的运动方式是采用有氧运动，包括走、跑、游泳三种方式。目前，较多采用的有定运动时间的耐力跑（如 12 分钟跑测验）以及定运动距离的耐力跑（如跑 2 400 米）。现介绍应用最广泛的 12 分钟跑测验。

4. 制定运动处方

根据以上检查的结果，可以掌握体育运动参加者的健康状况、体力水平及运动能力等，针对其具体情况制定个体化的运动处方。处方中主要应规定运动强度的安全界限和有效界限、运动项目、一次必要运动量（运动时间）以及一周的运动频度等内容。

5. 运动中的医务监督

在运动处方的实施过程中，应对受试者进行医务监督，以确保实施运动处方的安全性。健康状况良好的锻炼者，可在自我监督的情况下进行运动；心血管系统疾病、呼吸系统疾病、慢性病、临床症状不稳定的患者等，在实施运动处方时应在有医务监督的条件下进行运动。

6. 运动处方的修改和微调

运动处方的制定最初并不固定，首先设一个“观察期”，使锻炼者习惯于运动，并能对实施运动处方所引起的身体反应等进行观察研究。然后设一个“调整期”，对运动处方的内容反复调整、修改，逐步确定。在以后的一个时期，相对固定地实施。在相对固定的时期，对运动处方也要进行必要的调整。

在运动处方的实施过程中，可根据锻炼者具体情况的变化，对运动处方进行微调，使锻炼者找到最适合自己条件的运动处方，以不断提高锻炼效果。

采用任何形式的体育运动来促进身心健康、预防疾病、提高身体素质等，都必须遵循人体活动的生理规律，同时也要符合个人的心理特点，设计运动的内容、强度、时间要符合身体特点和锻炼重点的要求，才能取得良好的锻炼效果。

因此，在设计制定和实施运动处方时要遵循几条基本原则。

(1) 个性化原则

运动处方制定的个体性由其目的性决定，不同的人通过运动所达到的效果是不同的，由于每个人的身体条件千差万别，同样的运动刺激在不同人身上所产生的反应和适应是不同的，而个人的身体或客观条件也在经常变化，要按运动处方的执行情况及时调整处方的内容。

(2) 循序渐进与可调整原则

在制定运动处方时，要考虑运动者的身体承受能力，过小的运动刺激身体不会产生反应，过大的运动刺激又会使身体产生不适应或不良反应。开始运用运动处方时，不能因运动量较小，完成起来比较轻松，就擅自增加运动量和运动频率，使运动负荷增加太快。在负荷未达到足够程度时，这样做可取得一些表面的成绩，但很快就会因过度疲劳而不得不中途放弃，甚至因勉强所为而出现事故。正确的方法是以“最佳运动强度”为依据，循序渐进增加负荷，使运动强度既产生足够刺激，又力所能及。

(3) 以全身耐力为基础的原则

在制定运动处方时，体力的差别比性别和年龄的差别更为重要。因此，不根据性别、年龄而只以体力(全身耐力)情况为基础来制定运动处方才是适宜的。

(4) 安全性与有效性原则

为了提高全身耐力水平，必须达到改善心血管和呼吸功能的有效强度，这就是靶心率范围。如果运动超过这个上限，就可能有危险性，这个运动强度或运动量界限，称为安全界限。而达到这个有最低效果的下限，称为有效界限。安全界限和有效界限之间，就是运动处方安全而有效的范围。如果身体条件差的人(年老、体弱、成人病者)，容许的运动条件受限制多些，制定处方时必须严格规定运动内容；反之，身体条件好的人，自由度大，运动内容规定就不那么严格。

(5) 体质基础与运动效果的特异性原则

体质差的人，从事强度小的运动也能收到显著效果，而体质好的人，则要求更高的运动强度刺激才能见效。

运动时身体的生理适应，根据运动种类或方法有所不同，这称为运动效果的特异性。一般认为，运动效果是有特异性的，因此根据目的而选择适合的运动种类很重要。所以想进行增强体力运动的人，自己应知道要用什么方法训练身体的哪个部分，而不必盲从教练、指导者的指示。明确自己锻炼的目的、意义和方法，这是坚持长期锻炼并收到效果的重要前提。

二、运动处方制定的原则

1. 科学性原则

所设计的运动处方必须符合人体的生理和心理特点，运动处方中的运动时间和运动强度要符合处方对象的身体特点及健身重点要求。

2. 个别对待原则

要根据每个人的具体情况，制定适当的运动处方，必须因人而异，切忌千篇一律。要根据每一个参加锻炼者或病人的具体情况，制定出符合个人身体客观条件及要求的运动处方。不同的疾病，运动处方应有所不同；同一疾病在不同的病期，运动处方应有所不同；同一人在不同的功能状态下，运动处方也应有所不同。

3. 趣味性原则

兴趣是锻炼的原动力，运动处方中选择搭配的运动内容要有趣、多样，切忌枯燥的训练式运动处方。

4. 调整性原则

运动处方使用一段时间后，要根据锻炼者适应的情况和体质状况进行及时调整。

5. 有效性原则

运动处方中运动强度和运动量的安排要保证对机体刺激有效，运动处方的制定和实施应使参加锻炼者或病人的功能状态有所改善。在制定运动处方时，要科学、合理地安排各项内容；在运动处方的实施过程中，要保质保量认真完成锻炼。

6. 安全性原则

按运动处方运动，应保证在安全的范围内进行，若超出安全的界限，则可能发生危险。在制定和实施运动处方时，应严格遵循各项规定和要求，以确保安全。

第三节 运动处方的基本格式与实施

一、运动处方的基本格式

运动处方的格式没有统一的规定，但运动处方应全面、准确、简明、易懂。运动处方应包括以下内容：

(1) 一般资料。

(2) 临床诊断结果。
(3) 临床检查和功能检查结果。
(4) 运动和体力测验结果。
(5) 运动的目的和要求。
(6) 运动项目。
(7) 运动强度。
(8) 运动时间。
(9) 运动频度。
(10) 注意事项。
(11) 医师或教练签名。
(12) 复查日期。
(13) 运动处方的制定时间。

这里以力量性练习运动处方的基本格式为例进行说明,见表 8-2。

表 8-2　力量性练习的运动处方

姓名:	性别:	年龄:	日期:
诊断			
病史			
临床检查结果			
全身机能状况			
运动系统功能			
康复或健身的远期目标			
康复或健身的近期目标			
练习方法			
负荷用器械			
负荷的重量			
每组完成次数			
完成组数			
每次持续时间			
各组间休息时间			
每周练习次数			
注意事项			
处方者签名			

二、运动处方的实施

在运动处方的实施过程中，应注意每一次运动的安排、运动量的监控及医务监督。

每一次运动都应包括三个部分，即准备活动部分、基本部分和整理活动部分。

1. 准备活动部分

准备活动部分的主要作用是：使身体逐渐从安静状态进入工作（运动）状态，逐渐适应运动强度较大的训练部分，避免出现心血管、呼吸等内脏器官系统突然承受较大运动负荷而引起的意外，避免肌肉、韧带、关节等运动器官的损伤。

在运动处方的实施过程中，准备活动部分常采用运动强度小的有氧运动和伸展性体操，如步行、慢跑、徒手操、太极拳等。

准备活动部分的时间可根据不同的锻炼阶段有所变化。在开始锻炼的早期阶段，准备活动的时间可为10～15分钟；在锻炼的中后期，准备活动的时间可减少为5～10分钟。

2. 基本部分

基本部分是运动处方的主要内容，是达到康复或健身目的的主要途径。运动处方基本部分的运动内容、运动强度、运动时间等，应按照具体运动处方的规定实施。

3. 整理活动部分

每一次按运动处方进行锻炼时，都应安排一定内容和时间的整理活动。整理活动的主要作用是：避免出现因突然停止运动而引起的心血管系统、呼吸系统、自主神经系统的症状，如头晕、恶心、重力性休克等。

常用的整理活动有散步、放松体操、自我按摩等。整理活动的时间一般为5分钟左右。

第四节　实用运动处方

一、高校学生实用运动处方推荐

1. 发展上肢力量的运动处方

(1) 推荐项目：单杠引体向上

双手紧握住单杠（高杠），身体自然悬垂。屈臂向上拉，使下颌高于单杠。每组10个引体向上，每天坚持做5组，每组之间的时间间隔不宜过长，以3～5分钟休息时间为宜。

(2) 推荐项目:双杠臂屈伸

双杠杠中支撑,身体适度紧张,屈臂使重心下降,降至最大程度屈臂后快速爆发用力提升重心回到支撑状态。视练习者自身力量每组 10～20 个,每天坚持做 5 组,组间间隔时间 3 分钟为宜。

(3) 推荐项目:俯卧撑

可以在室内(外)平地或床上进行练习。两臂直臂支撑成俯撑,身体适度紧张,前脚掌着地。练习时两臂弯曲使上体贴近地面,然后两臂用力推直,回到直臂支撑状态。注意练习时要控制身体姿态,保证全身挺直。每组 15～25 个,每天 5 组,组间间隔时间不超过 3 分钟。

2. 发展下肢爆发力的运动处方

(1) 推荐项目:深蹲跳

选择一块平地(如在沙坑更佳),两脚开立与肩同宽,双手背于身后,身体完全下蹲,爆发式用力向上跳起,落地缓冲后顺势下蹲,重复此动作,每组 10～15 次,每天 6～8 组,组间间隔时间不超过 3 分钟。

(2) 推荐项目:蛙跳

蛙跳就是像青蛙一样跳跃,蛙跳主要锻炼腹肌和大腿肌。准备姿势两脚开立,与肩同宽。练习时,两腿要尽量下蹲,重心在前脚掌,起跳过程中腹肌要尽量拉伸,两臂用力向前上摆臂。起跳角度为向前 45°,注意收腹收腿,脚跟落地后自然滚动到前脚掌进行下一次跳跃。每组跳 10 次,每天坚持 6～8 组。做完以后,双手拍打双腿放松,利用单杠悬垂摆动来放松双腿更佳。

3. 发展耐力的运动处方

(1) 推荐项目:长跑

长跑是一项比较枯燥的运动项目,但对耐力的锻炼效果非常好,只要能持之以恒,就获得最佳的锻炼认知和效果。长跑时以匀速跑为宜,心率负荷在 120～140 次/分钟最佳。

(2) 推荐项目:跳绳

根据个人习惯调整好绳的长短,每组跳绳 300～600 次,每天坚持 3～5 组。锻炼过程中可以穿插双摇跳提高心肺功能。

二、塑造形体(减肥)的运动处方

随着人们生活水平的提高,肥胖者日益增多,肥胖症已成为当今重要的流行病之一,严重威胁着人类的身体健康,于是各种各样的减肥方法应运而生。实践表明,有氧运动对治疗肥胖症效果显著。

1. 肥胖对人体的危害

肥胖是人体因脂质代谢紊乱造成脂肪在皮下和脏器周围堆积所致。随着人们生活质量不断提高，肥胖症人群呈加速扩大趋势。肥胖症危害性很大，主要表现在肥胖者易患冠心病、高血压、糖尿病等。据报道，肥胖者患猝死、脑卒中、冠心病及充血性心力衰竭的风险率分别是非肥胖者的 2.8 倍、2.0 倍、1.5 倍及 1.9 倍；患糖尿病的危险性与正常者相比，轻度肥胖是常人的 2 倍，中度肥胖是常人的 5 倍，重度肥胖是常人的 10 倍；患高血压的危险超出标准体重的 20%，是正常体重者的 10 倍。

此外，肥胖给儿童带来的危害更大。有研究表明，10～13 岁肥胖者到 30 岁时，女性中的 88%和男性中的 86%依然保持肥胖状态。肥胖儿一般体型欠佳、活动能力差。不少肥胖儿有平足膝内翻、下肢弯曲、脊柱损害、缺钙症等。有些肥胖儿易患呼吸道或皮肤感染，甚至患“成人病”，如糖尿病、高血压、脂肪肝等。肥胖还会影响儿童的智力发展及性器官的正常发育。

2. 高校学生减肥的运动处方

高校学生处于人体机能最好的年龄阶段，体力好、对疲劳的耐受性强，因此运动项目选择范围广，运动强度和运动量选择范围也较大。

（1）运动项目

长跑、快步走、游泳、划船、爬山、球类运动等，也可练习有氧体操。

（2）运动强度

一般运动强度可达本人最大吸氧量的 60%～70%，或最高心率的 60%～80%。

（3）运动频率

由于青年肥胖者多有减肥的主观愿望，自觉性较强，一般每周锻炼 4～5 次为宜。

（4）运动时间

每次运动时间至少持续 30 分钟至 1 小时，晚饭前 2 小时运动最佳。

参考文献

[1] 曹勇.浅析基于促进学生体质健康的高校体育教学改革[J].廊坊师范学院学报(自然科学版),2015,15(2):123-125.

[2] 陈海燕,杨燕,吴念.学生体质健康促进与学校体育应对措施[J].浙江体育科学,2012,34(4):56-59.

[3] 崔龙,尹林.新编高职体育与健康[M].北京:北京理工大学出版社,2011.

[4] 丁鹏,蔡小英,蓝心.体育健康促进研究综述[J].体育科技文献通报,2017,25(8):163-167.

[5] 窦健,李兵.高校体育课对大学生体质健康影响的实验研究[J].四川体育科学,2013,32(1):134-137.

[6] 杜小安,朱斌.大学生体质健康测试后续服务管理模式与运用[J].成都体育学院学报,2010,36(8):91-94.

[7] 果召全,侯祥伟,孙云彦.体育与健康的实践性研究[M].长春:吉林大学出版社,2013.

[8] 李骏,王洪.体育与健康[M].北京:北京体育大学出版社,2010.

[9] 练文."健康第一"语境下关于学校体育健康促进概念的思考[J].新课程研究(中旬刊),2010(4):78-79.

[10] 林锋.大学生终身体育意识培养策略与方法[J].湖北体育科技,2010,29(1):15-16.

[11] 刘海元.学校体育教程[M].北京:北京体育大学出版社,2011.

[12] 刘云峰.高校体育促进大学生心理健康教育的探讨[J].新课程(下),2015(9):43.

[13] 毛振明.体育教学论[M].2版.北京:高等教育出版社,2011.

[14] 孟庆光,蔡尚琪.基于大学生健康促进的高校体育之思考[J].体育科技文献通报,2015,23(4):17-19.

[15] 谭洪论.基于《标准》下体质健康管理体系的探索[J].中国科技信息,2010

(24):189-191.
[16] 王大勇.新课改背景下学校体育教学对学生健康促进研究[J].当代体育科技,2013,3(30):98.
[17] 王月华,王淑清.学校体育学与社会[M].长春:吉林大学出版社,2010.
[18] 文玮."健康促进"新理念与体育健康教育关系探究[J].读天下,2016,19:134.
[19] 肖夕君,王冬冬.大学生体质健康评测指标体系的实证研究[J].山东体育学院学报,2010,26(10):66-69.
[20] 徐婧.从健康角度创建学校体育健康促进模式[J].科技信息,2009(3):126.
[21] 徐静.论健康与学校体育健康促进的关系[J].金田,2014,6:495.
[22] 许筱.健康促进与学校体育健康教育研究[J].才智,2017(31):136.
[23] 颜克秀.关于高校体育课对大学生健康促进的研究[J].文体用品与科技,2013(4):34.
[24] 杨栋.我国普通高校体育健康促进服务体系的构建[J].湖北体育科技,2015,34(4):361-364.
[25] 杨眉,李佳慧.大学生健康人格教育的质性研究[J].高等工程教育研究,2010(1):86-90.
[26] 杨清华.论健康促进与学校体育健康教育[J].教育现代化,2017,4(7):163-165.
[27] 于华,朱卫东,李如松.体育与健康[M].南京:南京师范大学出版社,2010.
[28] 于金子.青少年生命质量与体育健康促进的互动关系[J].冰雪运动,2016,38(1):93-96.
[29] 曾红卒.基于阳光体育运动对大学生体质健康促进途径的思考[J].江苏技术师范学院学报,2012,18(4):72-77.
[30] 查钰,麻春艳,高云鹏.高校体育与健康教育新论[M].北京:九州出版社,2013.
[31] 张晓燕,唐世琪,梁倩君.美国健康管理模式对我国健康管理的启示[J].中华健康管理学杂志,2010,4(5):315-317.
[32] 张晓燕.健康教育概论[M].武汉:武汉大学出版社,2010.
[33] 郑晓寒.大学生体质监测与学校体育健康促进研究:以怀化学院为例[J].运动,2017(18):39-40.
[34] 郑玉光.我国体育健康促进研究述评[J].武魂,2013(11):144.
[35] 钟海明,张仕.新编大学体育与健康[M].北京:航空工业出版社,2010.